Philip Kie

Das Survival HANDBUCH

für KIDS

arsEdition

Bibliografische Information Der Deutschen Bibliothek
Die Deutsche Bibliothek verzeichnet diese Publikation in der Deutschen Nationalbibliografie; detaillierte bibliografische Daten sind im Internet unter http://dnb.ddb.de abrufbar.

5 4 3 2 1 13 12 11 10

Text: Philip Kiefer
Illustration und Innengestaltung: elektrolyten, Petra Schmidt, München
Covergestaltung: arsEdition GmbH
Printed by Tien Wah Press

ISBN 978-3-7607-5186-3

www.arsedition.de

Inhalt

Überleben

im ALLTAG

Überleben im ALLTAG

Kinder haben es gar nicht so leicht, wie viele Erwachsene immer denken. Da lauern Gefahren zu Hause, im Straßenverkehr oder auf dem Schulhof. Da sind viele geheime Ängste, über die man sich mit niemandem zu reden traut. Das Taschengeld reicht hinten und vorne nicht. Und wenn du dir mit deinen Eltern die Nachrichten im Fernsehen anschaust, könntest du die Krise kriegen: Ist es um diese Welt, in der du lebst, wirklich so schlimm bestellt? Natürlich nicht: Du kannst selbst vieles ändern!

Dieses »Survival-Handbuch« will dir ein wertvoller Ratgeber sein, der dir hilft, in allen Lebenslagen zu überleben: wenn du mal allein zu Hause bist oder unterwegs etwas passiert, wenn du einen Knopf annähen oder einen Fleck entfernen willst, wenn du Probleme mit den Eltern, mit Lehrern oder Freunden hast, wenn dein Taschengeld nicht reicht, wenn du die Welt verbessern willst und noch so einiges mehr. Hast du Angst, bist neugierig oder willst ein Problem lösen? Schlag einfach in diesem Buch nach!

Wir wünschen dir ganz VIEL SPASS beim Lesen!

Wenn du ALLEIN zu HAUSE bist

Wenn du ALLEIN zu HAUSE bist

Mama hat eine Stelle gefunden und muss nachmittags für ein paar Stunden zur Arbeit. Du telefonierst mit deinen Freundinnen und Freunden, aber niemand hat Zeit zum Spielen. Mitnehmen kann dich deine Mutter auch nicht. Schade! Du sagst tapfer zu ihr: »Dann bleibe ich eben allein zu Hause, bis du wiederkommst.« Aber ein bisschen mulmig ist dir schon zumute.

Wenn du allein bist, bist du auch allein mit deinen Gedanken und Fantasien. Du hörst vielleicht Geräusche, die dir vorher nie aufgefallen sind und die dir jetzt unheimlich vorkommen. Du weißt nicht, was du tun sollst, wenn etwas passiert. Und wenn es an der Tür klingelt, schreckst du zusammen. Auf den folgenden Seiten erfährst du, wie du die Zeit allein gut über die Runden bringst.

Übrigens: Wenn Kinder und Jugendliche ohne Eltern zu Hause bleiben dürfen, nennt man das auch »sturmfreie Bude«. Kinder finden diesen Zustand in der Regel nicht so toll, Jugendliche hingegen schon. Sie freuen sich über die Zeit, die sie für sich allein haben.

Ein FREMDER klingelt an der Tür

Du bist allein zu Hause und es klingelt an der Tür. Womöglich hast du gerade einen Kinderkrimi gelesen und die Türklingel kommt dir viel lauter vor als sonst. Was sollst du in so einem Moment am besten tun?

⇨ **Wir empfehlen dir:** Tu einfach gar nichts – tu so, als ob du überhaupt nicht zu Hause wärst. Wenn du ganz mutig bist, kannst du auch die Sprechanlage verwenden oder durch die geschlossene Tür rufen, um zu fragen, wer da ist. Öffne die Tür aber nur dann, wenn es sich um eine dir gut bekannte – und deiner Einschätzung nach harmlose – Person handelt, etwa Oma oder Tante Claudia. Anderen Leuten sagst du einfach, sie sollen später wiederkommen, dann, wenn deine Eltern zurück sind. Lass dich mit Fremden nicht auf Diskussionen ein!

Und wenn das Telefon klingelt? Da kannst du natürlich rangehen, ohne dich einer Gefahr auszusetzen. Vielleicht ist es Mama, die Bescheid sagen will, dass es ein wenig später wird. Sollte es sich um eine fremde Person handeln, gilt: Führe keine langen Gespräche und gib nur wesentliche Auskünfte, beispielsweise wann deine Mutter telefonisch am besten erreichbar ist. Sofern ihr einen Anrufbeantworter habt, kannst du erst mal abwarten, wer anruft, und dann entscheiden, ob du ans Telefon gehst.

5 unschlagbare Mittel gegen ANGST

Wenn man als Kind allein zu Hause ist, kann man leicht auch mal Angst kriegen. Ängste gibt es nun mal mehr als genug. Aber gib deinen Ängsten niemals so viel Platz in deinen Gedanken, dass sie diese beherrschen.

⇨ Du kannst ...

... dich von deinen Ängsten ablenken: mit einem lustigen Film, einem guten Buch oder indem du etwas für die Schule tust.

... dich bewegen: Wenn du dich bewegst, gehst, Sport treibst oder zu deiner Lieblingsmusik tanzt, wirst du gar nicht erst auf die Idee kommen, vor irgendetwas Angst zu haben. Du wirst dich einfach gut fühlen!

... über deine Ängste nachdenken. Frag dich, warum du Angst hast. Ist die Angst begründet? Wenn ja, was kannst du gegen die Angst unternehmen? In den meisten Fällen wird die Angst unbegründet sein – dann kannst du sie einfach loslassen.

... deinen Atem kontrollieren: Atme kurz und kräftig ein und dann ganz langsam ohne Pause wieder aus. Wiederhole diesen Vorgang, bis du dich ruhig und entspannt fühlst.

... dich wie ein Bär aufrichten, dir mit der Faust gegen die Brust schlagen und im Brustton der Überzeugung zu dir selbst sagen: »Ich bin mutig!« Das mag albern klingen – hilft aber ungemein.

Draußen tobt ein STURM

Draußen tobt der Sturm. Es blitzt und donnert, aber du bleibst ganz cool! Warum? Ganz einfach: Drinnen bist du sicher, nur draußen sind Blitze lebensgefährlich. Schließe alle Fenster und Türen, stecke Elektrogeräte wie Fernseher und Computer aus und mache es dir gemütlich. Nimm ein Buch zur Hand – es wird dir viel Freude machen zu lesen, während draußen ein Sturm tobt.

Der Keller wird überflutet

Weniger lustig ist es, wenn Wasser in den Keller dringt. Du versuchst, deine Eltern zu erreichen, doch die haben sich selbst vor dem Sturm in Sicherheit gebracht oder sind auf dem Weg zurück zu dir.

⇨ Du hast nun mehrere Möglichkeiten:

• Versuche deine Eltern und andere Verwandte anzurufen, um sie über das eindringende Wasser zu informieren.

• Wenn der Boden nur etwas mit Wasser bedeckt ist, kannst du selbst etwas tun. Suche nach der Ursache für den überfluteten Keller. Kommt das Wasser von außen? Lässt sich die Tür abdichten? Kannst du das Wasser abschöpfen? Oder handelt es sich um einen Rohrbruch? In diesem Fall drehst du den Haupthahn ab – lass ihn dir für alle Fälle von deinen Eltern zeigen.

• In schlimmen Fällen alarmierst du die Feuerwehr. Du erreichst sie unter der Rufnummer 112.

Der STROM fällt aus

Bei einem Sturm oder aufgrund anderer Ursachen kann es durchaus mal vorkommen, dass der Strom plötzlich weg ist. Gut möglich, dass es da nur eine Sicherung rausgehauen hat. Im Sicherungskasten, den du dir von deinen Eltern zeigen lässt, kannst du die Sicherung dann per Knopfdruck wieder aktivieren – und der Strom ist wieder da! Falls es nicht an der Sicherung liegt, ist der Strom vermutlich im ganzen Haus oder in der ganzen Straße ausgefallen. Bloß keine Panik deswegen!

Wenn kein Strom da ist, merkst du schnell, dass eine Menge fehlt: kein Fernsehen mehr, kein Computer, keine Stereoanlage, unter Umständen funktioniert nicht mal das Telefon ... Du musst dich irgendwie anders beschäftigen, damit keine Ängste aufkommen. Vielleicht kannst du mal wieder basteln oder dir selbst Lieder vorsingen? Du wirst sehen, nach kurzer Zeit ist der Strom wieder da!

Für alle Fälle solltest du eine Taschenlampe und genügend Batterien bereithalten, damit du wenigstens Licht hast. Die Taschenlampe gehört zu deiner Grundausstattung. Bitte hantiere bloß nicht ohne Aufsicht mit Feuer – aus einer brennenden Kerze wird schnell mal ein brennendes Haus!

Mama kommt von der Arbeit nach Hause und fragt Lena: »Ist jemand da gewesen?« – »Ja, ich.« – »Nein, ich meinte: Ist jemand gekommen?« – »Ja, du.«

Wenn es BRENNT

Wenn du nicht mit dem Feuer spielst, ist es sehr unwahrscheinlich, dass es zu Hause anfängt zu brennen. Sollte es dennoch dazu kommen, bewahre einen klaren Kopf und beherzige unbedingt die folgenden Ratschläge:

⇨ **Verstecke dich nicht,** sondern begib dich sofort ins Freie. Verschwende keine Zeit damit, Gegenstände zu suchen, die du mitnehmen willst!
⇨ **Feuer braucht Sauerstoff.** Damit es sich nicht so schnell ausbreiten kann, schließe die Tür oder das Fenster hinter dir, wenn du das Haus verlässt.
⇨ **Das Gefährlichste an einem Brand ist der Rauch,** der dabei entsteht! Er ist hochgiftig, und bereits wenige Atemzüge können bewirken, dass du das Bewusstsein verlierst. Vermeide also in jedem Fall, den Rauch einzuatmen.
⇨ **Wenn du vom Feuer eingeschlossen bist,** dann rufe aus dem Fenster laut um Hilfe – so laut, wie du kannst. Vielleicht hast du ein Handy parat? Dann alarmiere selbst unter der Rufnummer 112 die Feuerwehr.

Kannst du einen Brand selbst löschen?
Nein, auf keinen Fall! Höchstens ein Brändchen, wenn beispielsweise ein Stück Papier Feuer fängt. Dann genügt es meist, ein Glas Wasser darüberzuleeren oder das Feuer mit einer Decke zu ersticken. In allen anderen Fällen verhalte dich bitte wie oben beschrieben!

Wenn du DURSTIG bist

Brennen wird es bei dir zu Hause wahrscheinlich nie. Viel eher als einen Brand wirst du hin und wieder deinen Durst löschen müssen. Nun stell dir vor, es ist ein heißer Sommertag und die Limo ist alle. Mithilfe der folgenden Rezepte stellst du ohne großen Aufwand selbst erfrischende Getränke her.

Durstlöscher

Du kannst natürlich reines Leitungswasser trinken. Wenn du in der Küche Apfelessig und Honig findest, vermische jeweils zwei Teelöffel davon in einem Glas Wasser. Das ergibt nicht nur ein erfrischendes, sondern auch ein äußerst gesundes Getränk!

Brause selbst herstellen

Mische in einem Glas jeweils einen Teelöffel Zitronensäure, Natron und Zucker – Zutaten, die sich in vielen Küchen finden! Fülle das Glas mit Wasser, schon hast du eine leckere Brause!

Bananen-Shake

Wie wäre es mit einem Milchgetränk? Zerdrücke eine Banane in einem großen Glas und fülle das Glas dann mit Milch auf. Vermische nun die zerdrückte Banane gründlich mit der Milch und gib eine Prise Zucker dazu – das ergibt einen Bananen-Shake, den du so richtig genießen kannst!

Wenn der kleine HUNGER kommt

Deinen Durst hast du gelöscht – doch was tun, wenn der kleine Hunger kommt? Mit den folgenden Rezepten kannst du »überleben«, bis Mama zurück ist und dir etwas kocht.

Tortilla-Pizza

Du brauchst: eine Packung Tortilla Wraps, eine Packung passierte Tomaten, eine Packung Salami-Scheiben, eine Packung Käse-Scheiben.

Lege einen Tortilla Wrap auf einen Teller und bestreiche ihn mit den passierten Tomaten. Belege ihn dann wie eine Pizza, etwa mit Salami und Käse. Nun kommt das Ganze zwei Minuten in die Mikrowelle. Rolle den belegten Tortilla Wrap anschließend zusammen wie einen Pfannkuchen und genieße ihn mit Messer und Gabel. Lecker!

Fischstäbchenburger

Du brauchst: eine Packung Hamburgerbrötchen, eine Packung Fischstäbchen, ein wenig Remoulade.

Brate die Fischstäbchen in einer Pfanne an. Schneide die Hamburgerbrötchen in zwei Hälften und röste sie auf dem Toaster oder im Backofen. Aber so, dass nichts schwarz wird! Auf die untere Hälfte des Hamburgerbrötchens kommen drei Fischstäbchen. Auf der oberen Hälfte verstreichst du die Remoulade. Füge die beiden Hälften zusammen – fertig ist der Fischstäbchenburger!

Nudeln kochen

Nudeln sind immer im Haus und sie sind sehr vielseitig. Du kannst sie mit allen möglichen Soßen oder Zutaten genießen. Nudeln mit Tomatensoße aus dem Glas, Nudeln mit Ketchup, Nudeln mit Schinken, Nudeln mit Käse, Nudeln mit Pilzen ... fast alles schmeckt!

Es ist ganz einfach, Nudeln zu kochen. Du nimmst dazu einen großen Topf und füllst ihn mit Wasser. Gib etwas Salz dazu. Stelle den Topf auf eine Herdplatte und bring das Wasser zum Kochen. Sobald das Wasser sprudelt, gibst du die Nudeln hinein. Auf der Packung steht jeweils, wie lange die Nudeln kochen müssen.
Wenn die Nudeln fertig sind, gießt du sie in einem Sieb ab. Schrecke sie ab, das heißt, lass kurz kaltes Wasser drüberlaufen, damit sie nicht zusammenkleben.
Und nun: Guten Appetit!

So verwendest du eine Mikrowelle

Eine feine Sache ist die »Mikrowelle« – der Mikrowellenherd. Er erhitzt Speisen und Getränke viel schneller als der Elektroherd. Du benötigst lediglich mikrowellengeeignetes Geschirr, stellst die Laufzeit ein und drückst auf den Start-Knopf. In jedem Supermarkt findest du eine große Auswahl an Mikrowellengerichten. Lege dir für alle Fälle einen Vorrat an!

Nie wieder LANGEWEILE

Nach einiger Zeit wird sogar Fernsehen oder Computerspielen langweilig. Hier einige ultimative Tipps, was du sonst noch tun könntest, wenn du allein zu Hause bist:

⇨ **Erfinde etwas!** Du kannst dir Spiele oder Geschichten ausdenken, aber beispielsweise auch ein Gerät erfinden, dass deine Hausaufgaben automatisch macht.
⇨ **Stelle dir selbst Fragen:** Warum ist der Himmel blau? Warum ist es im Winter kalt? Versuche, dir deine eigenen Fragen selbst zu beantworten.
⇨ **Male mal wieder:** Nimm die Fernsehzeitschrift von letz-ter Woche und bemale die Fotos der Menschen – statte beispielsweise das Topmodel mit Pudelmütze und Vollbart aus.
⇨ **Schneide Grimassen:** Stell dich im Badezimmer vor den Spiegel und schneide wilde Grimassen. Schaffst du es, dich selbst zum Lachen zu bringen?
⇨ **Beobachte das Treiben auf der Straße!** Du denkst, das machen nur alte Opas? Versuche es mal – du wirst sehen, das kann ganz schön interessant sein.
⇨ **Mache Musik:** Wenn du ein Instrument spielst, umso besser, wenn nicht – singen kann jeder!
⇨ **Stell dein Zimmer um:** Schiebe das Sofa von einem Eck ins andere oder hänge neue Poster auf. Bei größeren Eingriffen bittest du vorher deine Eltern um Erlaubnis.

Wenn du nicht EINSCHLAFEN kannst

Wenn du schläfst, vergeht die Zeit im Nu, und so ein kleines Nickerchen ist sogar gesund. Bloß: Wie schafft man es, sich nachmittags hinzulegen und einzuschlafen?
Schalte das Radio ab und schließe das Fenster, denn zum Schlafen soll es möglichst ruhig sein. Lass außerdem das Rollo im Kinderzimmer runter – denn auch Licht stört beim Einschlafen. Zieh dir nun deinen Schlafanzug an, leg dich hin und deck dich zu.

Du willst einschlafen, aber es geht nicht? Kein Wunder! Einschlafen darfst du nicht wollen. Du musst es einfach geschehen lassen. Lass deine Gedanken einfach ziehen, stelle dir etwas Schönes vor. Du wirst sehen, der Schlaf kommt dann ganz von allein.

Schäfchen zählen?

Früher hat man bei Einschlafproblemen empfohlen, sich Schäfchen auf einer Weide vorzustellen und diese zu zählen. Doch Wissenschaftler haben inzwischen festgestellt, dass das Zählen zu stressig ist. Viel besser als das Schäfchenzählen ist es, wenn du dir eine beruhigende Szene vorstellst, beispielsweise eine Meeresbrandung oder ein wogendes Kornfeld – und zwar ohne die Kornähren zu zählen!

Wenn du RAT bei ALLTAGS-FRAGEN brauchst

Wenn du RAT bei ALLTAGSFRAGEN brauchst

Das Leben hält immer neue Aufgaben für dich bereit! Oft stellen sich einem die merkwürdigsten Probleme, sei es, dass das Handy in die Kloschüssel fällt oder dass Kaugummi im Haar klebt. Dazu kommen die »normalen« Probleme: Wie kann ich alte Aufkleber wieder von der Tür entfernen? Wie bekämpfe ich lästige Stechmücken? Wie kann ich selber einen Knopf annähen? Auf den folgenden Seiten findest du Rat bei solchen Problemen, aber auch nützliche Tipps, die dir bei alltäglichen Fragen weiterhelfen werden.

Drei saubere Tipps

⇨ *Der Spiegel ist beschlagen? Einen beschlagenen Spiegel solltest du nicht einfach mit einem Lappen abreiben, da hierbei hässliche Streifen entstehen. Föhne ihn stattdessen kurz – dann kannst du dich wieder im Spiegel bewundern.*

⇨ *Deine Brille ist schmutzig? Gib einen Tropfen Spülmittel auf jede Seite und verreibe ihn. Spüle anschließend mit Wasser nach und trockne die Brille mit einem sauberen Geschirrhandtuch. Aber Vorsicht besonders bei Kunststoffgläsern: Diese sind sehr empfindlich!*

⇨ *Dein Lieblings-Plüschtier hat Flecken? Damit ihm in der Waschmaschine nichts passiert, bitte deine Mutter, es zum Waschen in einen Kissenbezug zu stecken.*

So NÄHST du einen KNOPF an

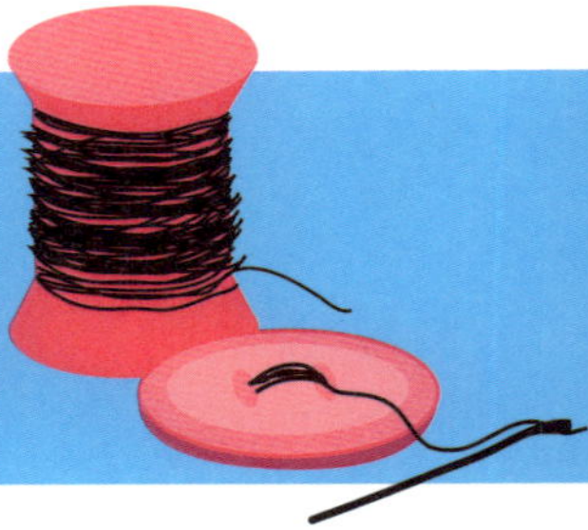

Wenn an deiner Jacke ein Knopf abreißt, musst du nicht gleich zu Mama rennen. Knöpfe anzunähen ist kinderleicht – wenn man weiß, wie's geht. Alles, was du dazu brauchst, sind eine Nadel und ein Stück Faden in der gleichen Farbe wie bei den anderen Knöpfen. Wünsche dir am besten ein kleines Näh-Set oder kaufe dir selbst eins vom nächsten Taschengeld. Dann geht's los:

❶ In der Nadel befindet sich ein kleines Loch, die »Öse«. Da musst du den Faden durchziehen – man nennt das »einfädeln«. Befeuchte dazu am besten das Ende des Fadens mit deiner Zunge, dann fällt es dir leichter.
❷ Mache in das Ende des Fadens einen kleinen Knoten, damit du ihn nicht durch das Kleidungsstück durchziehst.
❸ Nun hältst du den Knopf an die Stelle, von der er abgerissen ist. Steche von der Rückseite mit der Nadel durch das Kleidungsstück in ein Loch des Knopfes und ziehe den Faden durch.
❹ Durch das gegenüberliegende Loch am Knopf stichst du zurück und ziehst wieder den Faden durch.
❺ Jetzt sind noch die anderen Löcher dran. Wiederhole den Vorgang so lange, bis der Knopf gut sitzt.
❻ Zum Schluss verknotest du den Faden auf der Rückseite. Am Anfang ist das etwas fummelig, doch mit ein wenig Übung wird es dir immer leichter fallen!

Wenn die Mücken kommen …

Du kennst das bestimmt: Da liegst du gemütlich im Bett und bist kurz vor dem Einschlafen. Plötzlich hörst du das hohe Summen einer Stechmücke – das nervt! Damit du nicht gestochen wirst, leiste dir am besten ein Moskitonetz, das du rund um dein Bett befestigst. Moskitonetze findest du im Baumarkt, aber oft auch in Supermärkten und Möbelgeschäften.

⇨ Damit die Stechmücken gar nicht erst ins Zimmer gelangen, schließe Fenster und Rollläden, bevor du das Licht einschaltest. Das Licht zieht die Biester an!
⇨ Was Stechmücken wohl nicht mögen: Lavendel-, Zitronen- oder Essigduft. Stelle kleine Schalen mit diesen Essenzen in deinem Zimmer auf, um die Mücken zu vertreiben.
⇨ Erschlage eine Stechmücke nicht an der Wand – das gibt hässliche Flecke. Halte lieber ein altes Buch, dass du nicht mehr brauchst, vor die Mücke und klappe es schnell zu. Ein sehr empfehlenswerter Mückenfänger!
⇨ Um deinen Körper vor Stichen zu schützen, verwendest du speziell dafür entwickelte Sprays, die es in jeder Drogerie gibt.

Wusstest du schon?
Nur die weiblichen Mücken stechen: Sie brauchen das Blut, damit sie nach der Befruchtung ihre Eier entwickeln können.

BASTEL-Ideen

Klebstoff aus Gummibärchen

Dir ist der Klebstoff ausgegangen? Dann verwende Gummibärchen, um Klebstoff selbst herzustellen! Die Gummibärchen, etwa zehn Stück, werden hierzu in einem Becher geschmolzen, den du in heißes Wasser stellst. Sobald sich die Gummibärchen verflüssigt haben, vermischst du die »Gummibärchensuppe« mit etwas Wasser – das Ergebnis ist ein prima Kleister.

Stempel selber hergestellt

Möchtest du deine Briefe, Schulhefte usw. mit deinem eigenen Stempel versehen? Schneide einfach eine Kartoffel in zwei Hälften und schnitze die gewünschte Stempelform aus, beispielsweise einen Stern. Wenn dir kein Stempelkissen zur Verfügung steht, kannst du zum Stempeln auch schwarze Wasserfarbe verwenden.

Geniales Geschenkpapier

Was gibt es Schöneres, als Geschenke auszupacken! Blöd nur, wenn du selbst etwas verschenken willst und kein Geschenkpapier hast. Stelle das Geschenkpapier dann selbst her – es kommt sicher gut an: Bemale dazu einfach Packpapier oder beklebe es mit Fotos, die du aus alten Illustrierten ausschneidest. Deiner Kreativität sind keine Grenzen gesetzt!

Oh Schreck – EIN FLECK!

Jeder verschüttet mal was, das ist kein Beinbruch. Damit es keine hässlichen Flecken gibt, gehst du wie folgt vor:

❶ Ist ein Glas heruntergefallen und überall liegen Splitter? Diese müssen zunächst mit äußerster Vorsicht entfernt werden! Verwende dazu am besten den Staubsauger oder eine Pinzette. In jedem Fall gilt: Schuhe anziehen, damit nichts passiert, wenn du in die Scherben trittst!
❷ Besorge eine Haushaltsrolle, Klopapier oder Handtücher, um so viel Flüssigkeit wie möglich aufzusaugen. Nur drauflegen, nicht reiben – das würde den Fleck nämlich noch vergrößern! Auch Salz, dass du auf den Fleck streust, kann dazu dienen, die Flüssigkeit aufzusaugen.
❸ Die Fleckenbehandlung folgt erst dann, wenn die Stelle trocken ist. Zum Entfernen von Flecken haben sich unter anderem bewährt:

⇨ Mineralwasser: Schütte es auf den Fleck, lass es kurz einwirken und sauge es dann mit Haushaltstuch oder Schwamm wieder auf.

⇨ Waschpulver: Vermische etwas Waschpulver in warmem Wasser. Mit der so gewonnenen Flüssigkeit reibst du den Fleck gründlich ein. Trockne die Stelle anschließend gut ab.

⇨ Rasierschaum: Falls sich Papa nass rasiert, kannst du auch seinen Rasierschaum zur Fleckenentfernung verwenden – gut in den Fleck einarbeiten und anschließend wieder auswaschen!

Alltagstipps 1

So kannst du ...

... ein Pflaster abziehen, ohne dass es wehtut: Tränke ein Taschentuch in Babyöl und reibe es über das Pflaster – dieses lässt sich dann ganz leicht abziehen.

... einen widerspenstigen Saughaken befestigen: Bestreiche die Saugfläche zuvor mit etwas Eiweiß – der Saughaken wird dann besser halten.

... leichter die SIM-Karte aus einem Handy entfernen: Befestige auf der freien Seite der SIM-Karte einen etwas längeren Klebestreifen – diesen kannst du dann zum Rausziehen verwenden.

... einen alten Aufkleber entfernen: Erhitze den Aufkleber mit einem Föhn – oft wird es dir auf diese Weise gelingen, den Aufkleber heil abzuziehen.

... das Quietschen einer Tür beenden: Schmiere etwas Margarine in die Scharniere und bewege diese ein paar Mal hin und her – das Quietschen wird schnell aufhören.

Ein Zelt im Zimmer

Du brauchst mal etwas Ruhe, weil deine Geschwister dich zu sehr stressen? Dann ziehe dich in dein eigenes Zelt zurück. Alles, was du dazu brauchst, ist ein Wäschegestell und eine große Decke. Lege die Decke über das Wäschegestell und befestige sie ringsum mit Wäscheklammern – das gibt ein prima Kinderzelt, in das du dich zurückziehen kannst!

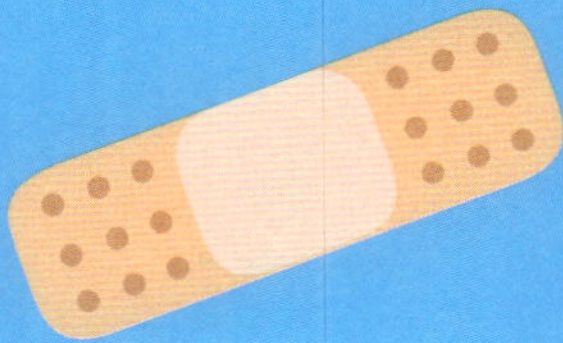

Hilfe, ich habe Kaugummi im Haar!
Wenn dir Kaugummi im Haar klebt, muss Mama nicht gleich zur Schere greifen! Schmiere statt dessen die Haare rund um den Kaugummi gut mit einer Handcreme ein – der Kaugummi lässt sich daraufhin ganz leicht abstreifen.

Du brauchst Platz für deine Bilder?
An den Wänden ist nicht mehr genügend Platz für deine selbst gemalten Bilder? Dann spanne eine Wäscheleine quer durchs Zimmer – dort kannst du die Bilder mithilfe von Wäscheklammern aufhängen. Sieht gut aus!

Mann, ich höre morgens den Wecker nie!
Wenn dir dein Wecker zu leise ist, stelle ihn einfach in eine Porzellanschüssel – er ist dann viel lauter und du wirst ganz bestimmt wach!

Die Fernbedienung kriegt keinen Strom?
Du hast neue Batterien eingelegt, aber die Fernbedienung funktioniert dennoch nicht? Vielleicht sind die Federn im Batteriefach verbogen. Klemme ein Stück Alufolie zwischen die Batterie und die Federn, dann könnte die Fernbedienung wieder funktionieren.

Wie kopiere ich MUSIK auf den MP3-Player?

Du hast einen MP3-Player zum Geburtstag geschenkt bekommen oder dein Handy verfügt über eine MP3-Funktion? Dann kannst du auch unterwegs Musik hören! Bloß: Wie kommt die Musik auf den MP3-Player?
Nun, zunächst benötigst du entsprechende MP3-Dateien. Die kannst du entweder aus dem Internet laden oder du kopierst Musik-CDs auf deinen Computer. Hierfür kannst du beispielsweise das Programm »Windows Media Player« verwenden.
Wenn sich die MP3-Dateien auf dem Computer befinden, stellst du eine Verbindung mit dem MP3-Player her. Meistens verwendet man dazu ein sogenanntes USB-Kabel. Sobald eine Verbindung besteht, erkennt der Computer das Gerät automatisch.
Jetzt wählst du die MP3-Dateien auf dem Computer aus, etwa im Programm »Windows Explorer«. Drücke dann die Tasten Strg und C, um die Dateien zu kopieren.
Im letzten Schritt wählst du im selben Programm den MP3-Player aus (er heißt dort oft »Wechseldatenträger«) und fügst die ausgewählten Dateien mit den Tasten Strg und V ein. Der Kopiervorgang kann einige Minuten dauern.

Klingeltöne kaufen?

Unser Tipp: Kaufe keine Handy-Klingeltöne! Bei vielen Handys kannst du die selbst kopierten MP3-Dateien als Klingeltöne einsetzen.

Alltagstipps 2

Wie kann ich eine zerkratzte CD reparieren?
Auf einer CD oder DVD finden sich kleine Kratzer, sodass der CD- bzw. DVD-Player sie nicht richtig abspielt? Gib in diesem Fall einen kleinen Klecks Zahnpasta – ja, du hast richtig gelesen! – auf die betreffende Stelle und verreibe sie vorsichtig mit einer Serviette. Spüle die CD oder DVD anschließend mit Wasser ab und trockne sie mit einem sauberen Tuch. Fertig ist die Prozedur!

Mein Handy ist ins Klo gefallen!
Das kann jedem mal passieren: Das Handy fällt beim Telefonieren in die Kloschüssel oder wird auf sonstige Weise nass. Du holst es sofort raus, schaltest es aber unter keinen Umständen ein! Statt dessen entnimmst du den Akku und die SIM-Karte und gönnst deinem Handy ein Bad in reinem Alkohol (den gibt es in der Apotheke). Nach zehn Minuten holst du es heraus und legst es zum Trocknen auf ein Handtuch. Mit ein wenig Glück funktioniert es am nächsten Tag wieder.

Wozu der Alkohol? Ganz einfach: Er dient dazu, das Wasser zu verdrängen, das üblen Schaden im Handy anrichten könnte.

Super TIPPS für mehr ORDNUNG!

Du sehnst dich nach mehr Ordnung in deinem Kinderzimmer? Dann sind die folgenden Tipps goldrichtig für dich:

⇨ **Tu es gleich!** Wenn das Glas leer ist, bring es gleich in die Küche. Wenn dir etwas runterfällt, hebe es gleich auf. Wenn du dich umziehst, hänge deine Kleider gleich an den Bügel. Wenn ihr gespielt habt, räume das Spielzeug gleich auf. Wenn du es gleich tust, fällt es dir viel leichter, Ordnung zu halten.

⇨ **Entrümple dein Kinderzimmer!** Je mehr Gegenstände sich in deinem Zimmer befinden, desto größer ist die Wahrscheinlichkeit, dass sie zur Unordnung beitragen. Entferne alte Sachen, die du nicht mehr brauchst, beispielsweise Spielzeug, das du eh nicht mehr verwendest, oder abgetragene Klamotten.

⇨ **Verwende Schuhkartons als Aufbewahrungsboxen.** Beschrifte die Kartons, damit du jeweils weißt, was drin ist. Damit die Kartons hübscher aussehen, kannst du sie mit Geschenkpapier bekleben.

⇨ **Dinge brauchen Platz, und den hast du:** Räume deine Sachen in Regale und Schränke ein, hänge sie an die Wand oder an die Decke, schiebe sie unters Bett – nur auf dem Fußboden sollte nichts rumliegen.

»Gebraucht der Zeit, sie geht so schnell von hinnen, doch Ordnung lehrt euch Zeit gewinnen.«

(Johann Wolfgang von Goethe)

Das kleine HAUSHALTS-QUIZ

Wie gut kennst du dich in Sachen »Haushalt« aus?
Teste dich mit dem folgenden Quiz!

❶ Wobei handelt es sich um eine gute Methode, Speisen länger haltbar zu machen?
a) Aufwärmen
b) Schleudern
c) Einfrieren

❷ Man bügelt Kleidung mit dem Bügel …?
a) …kupfer
b) …eisen
c) …gold

❸ Ab wann etwa wird aus einem weich gekochten Ei ein hart gekochtes?
a) Nach drei Minuten
b) Nach sechs Minuten
c) Nach zwölf Minuten

❹ Wenn der Abfluss verstopft ist, helfen oftmals …?
a) Salz und Pfeffer
b) Gewürzgurken
c) Backpulver und Essig

❺ Wozu verwendet man einen »Quirl«?
a) Zum Rühren
b) Zum Schneiden
c) Zum Saugen

Lösungen: 1c, 2b, 3b, 4c, 5a

Wenn du UNTERWEGS bist

Wenn du UNTERWEGS bist

Auf den nächsten Seiten wollen wir dir zeigen, wie du dich richtig verhältst, wenn dich ein Fremder anspricht, was du tust, wenn du dich mal verläufst, wie du sicher durch den Verkehr kommst oder einen Platten am Fahrrad ohne Hilfe anderer reparierst. Für solche und weitere Fälle findest du die richtige Lösung!

Ein Hund greift an!

Es gibt nicht nur brave Hunde, denen du Kunststücke beibringen kannst, sondern auch gefährliche, vor denen du dich hüten musst. Ein Sprichwort sagt: »Hunde, die bellen, beißen nicht.« Das stimmt meistens. Aber Vorsicht, wenn Hunde knurren – dann sind sie oft zum Angriff bereit.

Wenn ein Hund tatsächlich angreifen sollte, darfst du keine Angst zeigen. Sieh dem Hund fest in die Augen und bewege dich ganz langsam rückwärts vom Hund weg. Schrei so laut du kannst, manche Hunde bekommen dann Respekt. Bei einem Hundebiss heißt es: Sofort zum Arzt!

Verläuft sich ein junger Igel im Gewächshaus und stößt an einen Kaktus. Fragt er: »Mama, bist du's?«

INSEKTEN

Was tun bei einem Bienenstich?

Bienenstiche sind normalerweise harmlos – es sei denn, dich stechen sehr viele Bienen oder du bist Allergiker. Dann solltest du schnellstmöglich einen Arzt aufsuchen. Auch wenn du im Mund- und Rachenraum gestochen wirst, kann es lebensgefährlich werden, da dir die Schwellung buchstäblich den Atem nehmen könnte.

Bei einem einfachen Bienenstich entfernst zu zuerst den Stachel. Wische ihn seitlich aus der Haut heraus, damit kein weiteres Gift in die Haut eindringen kann. Nun kühlst du die Stelle mit Eiswürfeln. Auch Zwiebelscheiben oder Umschläge mit Essigwasser haben sich bewährt. Die Schwellung sollte nach wenigen Tagen verschwinden, die Schmerzen abnehmen – falls nicht, hilft nur ein Besuch beim Kinderarzt.

Igitt, eine Zecke!

Sie sind ziemlich klein, aber gierige Blutsauger: Zecken suchen sich ein gemütliches Plätzchen auf deiner Haut und zapfen dein Blut ab. Wenn sie vollgesogen sind, lassen sie sich einfach runterplumpsen. Eigentlich ein harmloser Vorgang – wenn die Zecken nicht gefährliche Krankheiten übertragen würden! Bemerkst du eine Zecke auf deiner Haut, ziehe sie vorsichtig mit einer Pinzette heraus. Dann sicherheitshalber ab zum Arzt!

Ein FREMDER spricht dich an

Wenn Oma Nolte dich nach dem Weg fragt, musst du natürlich nicht gleich weglaufen. Aber wie verhältst du dich, wenn dich ein unheimlicher »Onkel« anspricht, dir Schokolade anbietet oder gar will, dass du in sein Auto steigst? Das könnte dich in Lebensgefahr bringen!

So verhältst du dich richtig:

⇨ Es droht häufiger Gefahr von Männern als von Frauen! Wenn dich eine Frau anspricht, kannst du normalerweise cool bleiben. Bei fremden Männern sei grundsätzlich misstrauisch!

⇨ Steig niemals zu einer fremden Person ins Auto ein oder lass dich dazu überreden, mit ihr irgendwohin zu gehen! Wenn ein Auto neben dir hält, nimm sofort Abstand. Lass dich niemals auf ein Gespräch mit dem Fahrer ein!

⇨ Schaffst du es nicht, aus dem Gespräch mit einem Fremden »auszusteigen«? Dann sprich andere Erwachsene an, etwa so: »Können Sie diesem Herrn den Weg zum Bahnhof zeigen?«

⇨ Wenn du dich bedroht fühlst, dann laufe lieber weg – es kann dir doch egal sein, was der Fremde denkt. Suche Schutz in einem Ladengeschäft oder auf einer belebten Straße.

⇨ Lass dir nichts gefallen! Wenn jemand handgreiflich wird, dann schreie, was das Zeug hält, und setze dich ruhig auch körperlich zur Wehr – das schreckt viele Angreifer ab!

Wenn du dich VERLAUFEN hast

Man möchte am liebsten heulen: Du bist mit deinen Eltern im Italien-Urlaub und bummelst mit ihnen durch die Innenstadt. Plötzlich sind sie weg! Du blickst dich mit einem mulmigen Gefühl um, doch kannst sie im Menschengetümmel nicht entdecken. Was tun?

Bleib in so einem Fall auf alle Fälle ruhig und rühre dich erst mal nicht vom Fleck. Du kannst sicher sein, dass deine Eltern nach dir suchen werden und dich am ehesten dort finden, wo sie dich verloren haben.

Wenn es mit dem Wiederfinden nicht gleich hinhaut, wende dich an einen Polizisten. Auch die freundliche Dame am Kiosk wird dir sicherlich gerne weiterhelfen. Geh aber nicht mit fremden Menschen nach Hause! Trage am besten immer ein Kärtchen mit der Adresse und Telefonnummer bei dir, unter der deine Eltern zu erreichen sind.

Solltest du dich im Kaufhaus, auf dem Flughafen oder auf einer Kirmes verlaufen, melde dich bei einem Infostand. Es wird dann eine laute Durchsage gemacht, und deine Eltern wissen sofort, wo sie dich abholen können.

Toll wäre jetzt natürlich ein Handy! Deine Eltern könnten dich dann einfach anrufen und fragen, wo du steckst.

Der SCHLÜSSEL ist weg

Ein übles Problem: Du gehst aus der Wohnung, ziehst die Tür zu und merkst dann, dass du den Schlüssel drin vergessen hast. Das ist kein Drama, kann allerdings unter Umständen teuer werden, wenn der Schlüsseldienst kommen muss. Versuche, deine Eltern telefonisch zu erreichen, ansonsten gehst du eben zu Oma oder Tante Andrea. Bloß nicht an der Fassade hoch durchs Fenster klettern oder Ähnliches – das ist lebensgefährlich!

Oder hast du den Schlüssel verloren? Dann durchsuche als Erstes deine Kleidung. Wenn sich der Schlüssel dort nicht findet, gehe den Weg zurück, den du gekommen bist, und suche Meter für Meter nach dem Schlüssel. Wenn das nicht hilft, ist der Schlüssel vielleicht im Fundbüro gelandet – frage dort nach!

Fritzchen hat sich in einer fremden Stadt verlaufen und wendet sich an einen Polizisten. Fragt dieser: »Wie heißen denn deine Eltern?« Antwortet Fritzchen: »Schatzi und Mäuschen.«

Unterwegs im AUTO?

Ihr fahrt mit dem Auto in Urlaub oder auf Besuch zu Onkel Jens? Bei langen Fahrten kann einem schnell mal übel werden – und langweilig.

Am schlimmsten ist die Übelkeit. Viele Kinder werden bei langen Autofahrten förmlich seekrank. Das kommt vor allem davon, dass Dinge vor den Augen zu sehr wackeln. Abhilfe schafft da, die Augen einfach zu schließen und zu versuchen, es sich bei seiner Lieblingsmusik gemütlich zu machen. Wenn du die Augen geöffnet halten möchtest, schau nach draußen, am besten vorn durch die Windschutzscheibe. Wenn du zum Seitenfenster rausschaust, betrachte Dinge in möglichst großer Entfernung.

Am zweitschlimmsten ist die Langeweile. Mit diesen beiden Kennzeichen-Spielen kannst du dir selbst oder zusammen mit deinen Geschwistern die Zeit vertreiben:

⇨ Auf jedem Kennzeichen stehen Zahlen. Jeder Spieler soll die Zahlen von Autos einer bestimmten Farbe oder Marke zusammenzählen. Wer zuerst bei 100 ankommt, hat gewonnen.

⇨ Auf jedem Kennzeichen stehen Buchstaben. Diese sollen als Anfangsbuchstaben für einen Satz verwendet werden. Gewinner ist, wer zuerst einen sinnvollen Satz bildet.

So kommst du SICHER durch den VERKEHR

Straßenverkehr ist lebensgefährlich, damit ist nicht zu spaßen! Um mit möglichst geringem Risiko durch den Verkehr zu kommen, solltest du dich unbedingt an folgende Regeln halten:

⇨ Überquere niemals eine Straße, bevor du dich versichert hast, ob links und rechts auch ganz bestimmt kein Fahrzeug kommt. Suche dir zum Überqueren eine Stelle, bei der auch du selbst gesehen wirst. So eilig kannst du es gar nicht haben, dass du dein Leben gefährdest, nur um schneller über die Straße zu kommen.

⇨ Lass dich nicht von anderen Jungen und Mädchen zu riskantem Verhalten verleiten. Wenn die Mist bauen, ist das ihre Sache, nicht deine!

⇨ Traue den anderen Verkehrsteilnehmern nicht zu viel zu. Denke beispielsweise am Zebrastreifen nicht: »Das Auto muss jetzt stehen bleiben!«, sondern warte, bis es tatsächlich steht.

⇨ Wenn du mit dem Rad oder Roller unterwegs bist, musst du besonders vorsichtig sein und dich an alle Regeln halten, etwa »Rechts vor links«. Zum Linksabbiegen steige am besten vom Rad ab und schiebe es über die Straße. Denke immer für andere Verkehrsteilnehmer mit.

Tipp: Nimm Blickkontakt mit einem Autofahrer auf, um festzustellen, ob er dich bemerkt hat.

Wenn dein FAHRRAD einen PLATTEN hat

Wenn du mit dem Fahrrad unterwegs bist, solltest du immer Flickzeug und eine Luftpumpe dabeihaben. Sonst kann es dir blühen, dass du das Rad nach Hause schieben musst, wenn du einen Platten hast. Mit Flickzeug kannst du einen Fahrradschlauch schnell wieder fahrtüchtig machen:

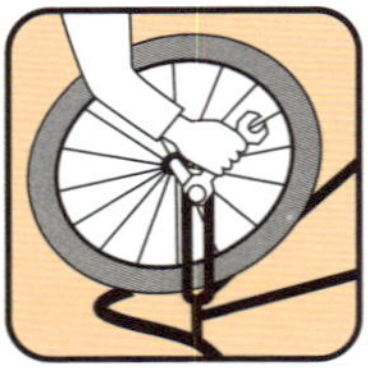

1. Stelle das Fahrrad auf den Sattel und löse das Rad mit dem Platten vom Fahrradrahmen.

2. Suche am Fahrradmantel nach einem Fremdkörper, der den Platten verursacht haben könnte, beispielsweise ein Nagel. Entferne ihn!

3. Löse nun den Mantel vom Rad. Darunter befindet sich der »Schlauch«, den du reparieren musst.

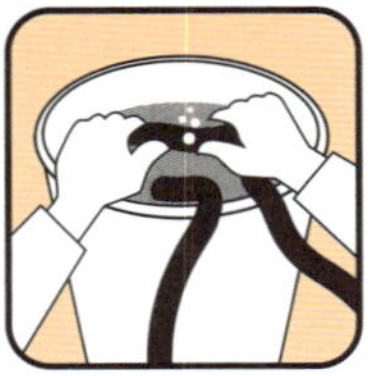

4. Pumpe den Schlauch auf und halte ihn ins Wasser – dort wo Bläschen entstehen, ist das Loch. Markiere die Stelle!

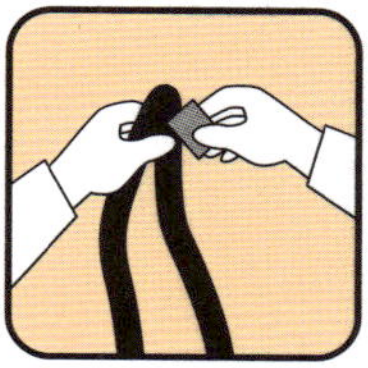

5 Jetzt geht's an die Reparatur: Mit Schmirgelpapier raust du die Oberfläche rund um das Loch etwas auf. Schmiere dann den Klebstoff auf die Stelle. Warte zwei Minuten und klebe dann den Flickstreifen auf das Loch. Drücke ihn fest an und lass das Ganze trocknen.

6 Pumpe den Schlauch erneut auf und halte ihn ins Wasser – so kannst du feststellen, ob er jetzt dicht ist.

7 Wenn alles klar ist, wird es etwas fummelig, denn nun heißt es: das Rad wieder zusammenbauen, am Fahrradrahmen montieren und aufpumpen.
Gute Weiterfahrt!

Damit dein Rad nicht geklaut wird

⇨ Nutze immer dein Fahrradschloss, wenn du das Fahrrad abstellst!
⇨ Schließe dein Rad nicht nur ab, sondern an, beispielsweise an einem Fahrradständer!
⇨ Schließe nicht nur das Vorderrad an – das kann leicht abmontiert werden!
⇨ Verwende keine Billigschlösser – die sind zu leicht zu knacken!

Alltagstipps 3

Autsch – Blasen an den Füßen!

Wenn sich bei einem langen Spaziergang Blasen an den Füßen bilden, ist das ganz schön unangenehm. Um Blasen zu vermeiden, sollten deine Schuhe passen; ziehe außerdem deine Socken straff und sorge immer für trockene Füße – dann kommt es gar nicht erst zu Blasen. Wenn sich bereits Blasen gebildet haben, darfst du diese nicht aufstechen, wie manche Schlaumeier empfehlen! Verwende stattdessen spezielle Blasenpflaster, die es in jeder Apotheke gibt.

Wenn es plötzlich regnet

Es sah nach schönem Wetter aus, doch plötzlich gießt es in Strömen. Natürlich hast du keinen Schirm dabei. Stelle dich am besten eine Weile unter und warte, ob der Regen aufhört. Besorge im Kaufhaus einige Plastiktüten, die du zu einem Regenhut und einem Regencape umfunktionierst – dann ab nach Hause und trockene Kleider anziehen!

Wenn du an den Fingern frierst

Du hast kalte Finger trotz Handschuhen? Da hilft Bewegung: Bringst du deinen Kreislauf in Schwung, werden auch die Finger wärmer. Schmerzen die Finger, massiere sie kräftig durch – das verschafft Linderung.

Die richtige KLEIDUNG für jedes WETTER

Es gibt kein schlechtes Wetter, nur falsche Kleidung.
Hier einige wertvolle Tipps für alle Wetterlagen:

Wenn es kalt ist

⇨ Trage eine warme Mütze – über den Kopf entweicht die meiste Körperwärme.

⇨ Mehrere dünne Kleidungsstücke halten wärmer als ein einziges dickes.

⇨ Trage einen Schal – du kannst damit nicht nur deinen Hals schützen, sondern ihn auch vors Gesicht ziehen, wenn es richtig eisig wird.

Wenn es heiß ist

⇨ Trage möglichst helle Kleidung – sie reflektiert Sonnenstrahlen am besten und schützt gegen Hitze.

⇨ Wenn die Sommersonne vom Himmel knallt, schütze dich mit einer Mütze vor einem Sonnenstich.

⇨ Keine Kleidung, aber sehr wichtig: Verwende unbedingt eine Sonnenschutzcreme, wenn du dich länger draußen aufhältst!

Bei Wind und Regen

⇨ Trage wasser- und winddichte Kleidung, dazu gehören insbesondere: eine Regenjacke mit Kapuze, eine Regenhose und wasserdichte Schuhe.

⇨ Wenn deine Kleidung durchnässt ist, ziehst du so bald wie möglich trockene Kleidung an.

112

Wenn du ERSTE HILFE leisten musst

Wenn du ERSTE HILFE leisten musst

Im Leben kann es hin und wieder zu Unfällen kommen, sei es zu Hause, in der Schule oder im Straßenverkehr. Wenn sich dabei jemand verletzt, ist oftmals schnelles Handeln angesagt: Ein Krankenwagen muss gerufen werden, und bis dieser eintrifft, wird »Erste Hilfe« geleistet. Doch was kann man da als Kind schon tun? Eine ganze Menge, wie wir dir auf den folgenden Seiten zeigen werden!

Wichtige Regeln!

Es klingt drastisch, aber es ist sehr wichtig: Wenn es hart auf hart kommt, dann versuche einen klaren Kopf zu bewahren. Mit Schreien und Weinen hilfst du niemandem weiter. Das kannst du später immer noch machen, wenn du alle wichtigen Schritte eingeleitet hast.

Ebenfalls sehr wichtig: Frage deine Eltern, wo im Haus sich das Verbandszeug befindet. Im Notfall wirst du keine Zeit haben, lange danach zu suchen. Wenn keine Hausapotheke vorhanden ist, bitte deine Eltern, eine anzulegen.

Merke dir die Notrufnummer 112! Wenn etwas Schlimmes passiert, rufst du sofort dort an und teilst das Geschehen sowie deine Adresse mit. Bereits nach kurzer Zeit wird Hilfe eintreffen.

So gibst du einen NOTRUF ab

In Deutschland verwendest du die Notrufnummer 112 sowohl um die Polizei, die Feuerwehr als auch den Rettungsdienst zu alarmieren. Vom Handy aus kannst du diese Nummer auch dann wählen, wenn du kein Gesprächsguthaben mehr hast – lediglich eine SIM-Karte muss vorhanden sein. Auch von Telefonzellen aus sind kostenlose Notrufe möglich.

Wenn du einen Notruf abgibst, versuche möglichst ruhig zu bleiben. Folgende Angaben sind erforderlich:

⇨ **Wo ist etwas passiert?** Nenne die genaue Adresse und gegebenenfalls das Stockwerk.

⇨ **Was ist passiert?** Schilde kurz den Unfall.

⇨ **Wie viele Personen sind betroffen?** Mache eine Angabe, ob nur eine oder mehrere Personen verletzt sind.

⇨ **Welche Verletzung liegt vor?** Schildere, was los ist, beispielsweise dass dein Freund ohnmächtig daliegt und am Kopf blutet.

Lege anschließend nicht einfach den Hörer auf, sondern warte, ob eventuell noch Rückfragen kommen. Gib am besten auch deine Rufnummer an, unter der du zu erreichen bist. Es dauert oft nur wenige Minuten, bis der Krankenwagen nach einem Notruf eintrifft.

Die Notrufnummer 112 ist übrigens in der gesamten Europäischen Union gültig, außerdem auch in Liechtenstein und in der Schweiz.

FREMDKÖRPER-Alarm!

Fremdkörper in der Luftröhre

Eine Erdnuss gerät in die Luftröhre statt in die Speiseröhre, sodass der Betroffene keine Luft mehr bekommt? Er soll sich sofort nach vorn beugen, und du versuchst durch Schläge auf seine Brust, ihn zum Husten zu bringen!

Fremdkörper in der Speiseröhre

Vielleicht nimmt dein kleiner Bruder Sachen in den Mund, die da nicht hingehören, etwa eine Spielfigur. Normalerweise ist das kein Problem, weil die Sachen ein paar Tage später auf der Toilette wieder rauskommen. Bei spitzen Gegenständen oder Batterien sollte jedoch der Arzt aufgesucht werden.

Fremdkörper in Ohr oder Nase

Die Versuchung ist groß: Doch bloß nicht selbst versuchen, einen Fremdkörper rauszuziehen. Unter Umständen schiebt man ihn dadurch nämlich noch weiter hinein. Lieber den Kinderarzt aufsuchen und das Rausziehen ihm überlassen.

Fremdkörper im Auge

Wenn das Auge selbst betroffen ist, decke dieses mit einem feuchten Tuch ab und dann sofort ins Krankenhaus! Sollte der Fremdkörper, etwa ein Glassplitter, sich nur an einem Augenlid befinden, kann er mit einem feuchten Wattestäbchen unter Umständen selbst entfernt werden – aber äußerst vorsichtig! Im Zweifelsfall sollte lieber ein Arzt gefragt werden.

Die RICHTIGEN Maßnahmen

Die richtige Lage bei einem Schock

Nach einem Unfall kann es vorkommen, dass der Betroffene unter Schock steht. Er soll sich mit Kopf und Oberkörper flach auf den Boden legen. Die Beine werden – beispielsweise mithilfe eines Hockers – in eine höhere Lage gebracht.

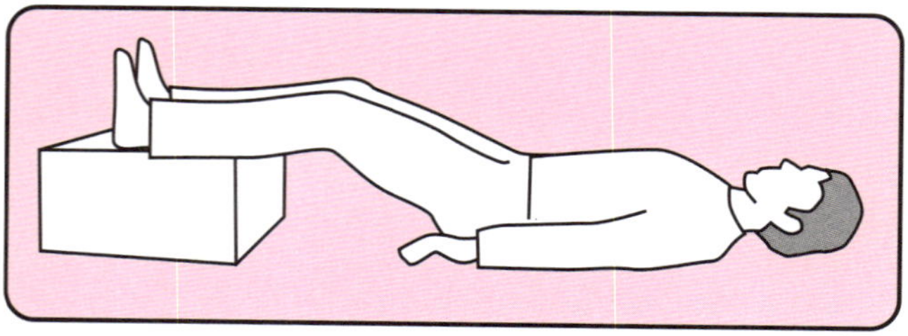

Die richtige Lage bei Bewusstlosigkeit

Verliert jemand das Bewusstsein, ist es ganz wichtig, dass er seitlich gelagert wird – er könnte sonst am eigenen Speichel oder Erbrochenen ersticken! Drehe ihn also auf die Seite und stütze ihn durch Decken ab. Öffne seinen Mund und ziehe seinen Kopf leicht in den Nacken.

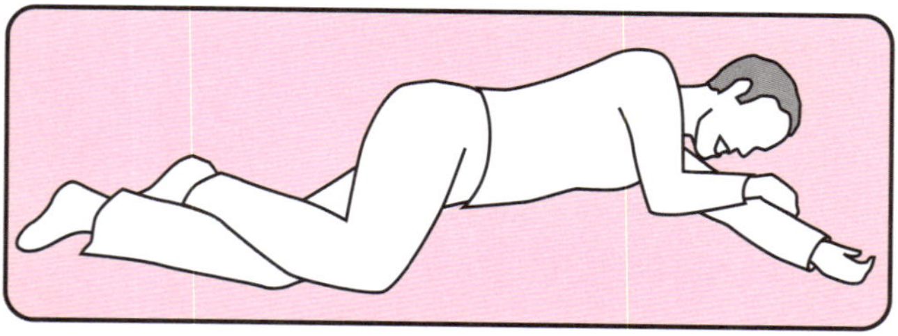

Wenn jemand nicht mehr atmet

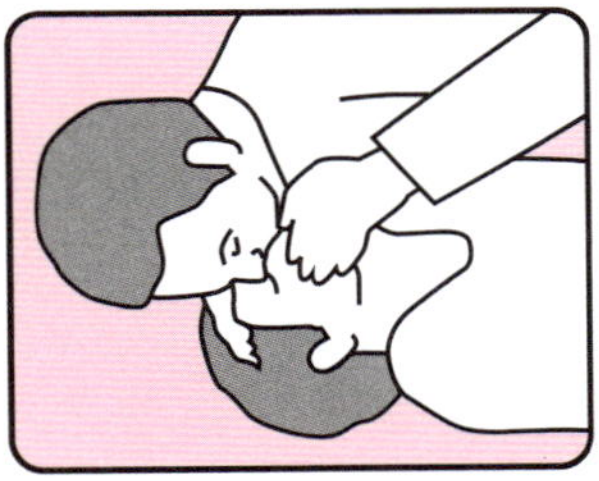

Wenn jemand nicht mehr atmet, versuche die Mund-zu-Mund- oder Mund-zu-Nase-Beatmung! Du neigst dabei den Kopf des Betroffenen etwas nach hinten, hältst ihm die Nase zu und pustest ihm mit deinem Mund Luft in seinen Mund, und zwar so, dass du erkennen kannst, wie sich sein Brustkorb langsam hebt. Das wiederholst du so lange, bis der Atem des Betroffenen wieder einsetzt!

Wenn das Herz nicht mehr schlägt

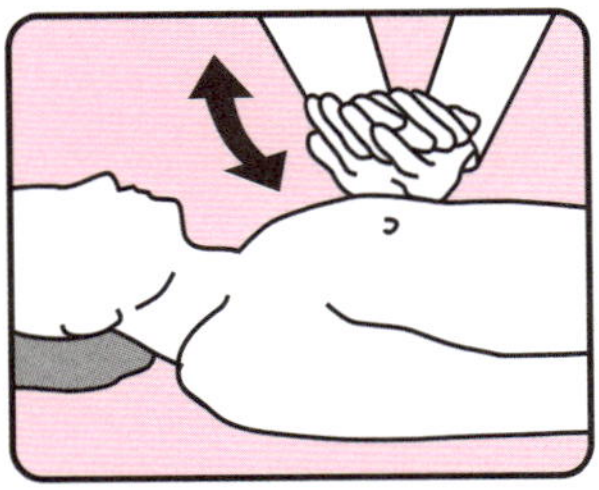

Wenn das Herz einer Person nicht mehr schlägt, kannst du sie unter Umständen durch eine Herzdruckmassage retten. Knie dich dazu neben den Betroffenen, lege deine Hände bei gestreckten Armen übereinander und presse damit etwa 30-mal kurz, aber kräftig auf das Brustbein. Wiederhole das Ganze, bis das Herz wieder schlägt! Unter Umständen musst du Herzdruckmassage und Mund-zu-Mund-Beatmung kombinieren.

Offene WUNDEN

Dein Freund hat sich verletzt und blutet beispielsweise aus einer Wunde am Fuß? Die meisten Blutungen hören nach einer Weile von selbst auf. Um den Prozess zu beschleunigen, lege ein feuchtes Tuch darauf. Wichtig: Das Tuch und alles, was mit der Wunde in Berührung kommt, muss sauber sein, damit keine Keime eindringen!

Bei stärkeren Blutungen legst du einen Verband an. Du brauchst dazu Verbandszeug. Im Notfall reißt du ein Leintuch in Stücke und verwendest dieses zum Verbinden der Wunde. Lege als Erstes ein Handtuch auf die Wunde. Dann wickelst du Stück für Stück den Verband um die Wunde. Der Verband soll fest sitzen, aber nicht die Blutzirkulation abschnüren! Der betroffene Körperteil sollte so wenig wie möglich bewegt werden. Und nun ab ins Krankenhaus!

Besonders wichtig bei Stichwunden: den Gegenstand, etwa die Schere oder die Glasscherbe, nicht herausziehen! Das kann die Blutung noch verstärken und sollte unbedingt dem Arzt überlassen werden.

Fehlt plötzlich ein Finger? Dieser wird in eine Plastiktüte gepackt. Die Tüte kommt in eine zweite Tüte mit Eiswürfeln oder kaltem Wasser. Im Krankenhaus kann der Finger dann wieder angenäht werden.

KNOCHENbrüche

Wenn ihr im Garten oder im Kinderzimmer herumtobt, kann es schnell mal zu kleinen Unfällen kommen. Blaue Flecken, Blutergüsse oder Verstauchungen sind zwar schmerzhaft, aber verheilen schnell wieder. Viel gravierender ist es, wenn Knochen brechen! Denn Knochen sind gewissermaßen das Gerüst, aus denen dein Körper aufgebaut ist.

Wie erkennst du einen Knochenbruch? Oft leider überhaupt nicht. Du hast zwar höllische Schmerzen, kannst einen Knochenbruch aber äußerlich manchmal kaum von einer Prellung oder einer Verstauchung unterscheiden. Deshalb sollte man ins Krankenhaus gehen: Dort gibt es Röntgenapparate, mit denen der Körper durchleuchtet wird – damit werden Brüche sichtbar.

Besteht der Verdacht, dass dein Freund sich etwas gebrochen haben könnte, entferne vorsichtig alle Kleidungsstücke vom betroffenen Körperteil, ziehe deinem Freund also etwa Schuhe, Jeans oder die Armbanduhr aus – wenn erst eine Schwellung eintritt, kann dies später schwierig werden.

Um die Schmerzen zu lindern, hilft vor allem eins: das Vermeiden unnötiger Bewegungen und das ständige Kühlen mithilfe von feuchten Tüchern oder Eiswürfeln.

Verbrennungen

Wenn sich jemand verbrennt oder verbrüht, sofort raus aus den Klamotten und die betroffene Stelle in der Badewanne eine Viertelstunde lang mit kaltem Wasser abspritzen. Man leidet sonst höllische Schmerzen! Wenn man sich »nur« den Finger oder die Hand verbrennt, genügt es, diese im Waschbecken unter den Hahn zu halten.

Unterkühlt!

Wenn sich jemand unterkühlt hat, sollte er als Erstes seine nassen Klamotten ausziehen. Dann ab unter die warme Decke und möglichst wenig bewegen. Es hilft auch, etwas Heißes zu trinken, beispielsweise Tee.

Bei Verätzungen

Säure auf der Haut oder gar in den Augen? Spüle die betroffenen Körperteile so schnell wie möglich mit Wasser ab, und zwar gründlich. Wenn die Augen betroffen sind, unbedingt einen Arzt aufsuchen!

Wenn jemand einen Stromschlag erleidet

Sofort den Stecker ziehen oder die Sicherung raus! Im schlimmsten Fall kann es zu einem Herz- und Atemstillstand kommen. Dann können eine Herzmassage und Mund-zu-Mund-Beatmung helfen.

NASENbluten

Nasenbluten kann verschiedene Ursachen haben, etwa einen Sturz, einen Schlag auf die Nase, Nasebohren, eine Erkältung oder auch trockene Raumluft! Meistens ist es harmlos. Lediglich wenn noch andere Verletzungen vorliegen oder die Blutung gar nicht aufhören will, heißt es: ab ins Krankenhaus!

Wenn dein Freund Nasenbluten hat, soll er den Kopf nicht nach hinten beugen – denn dann könnte er sich am eigenen Blut verschlucken. Stattdessen setzt er sich auf einen Stuhl und beugt den Kopf leicht nach vorne. Das Blut fangt ihr mit einem Handtuch auf, es lässt sich relativ leicht wieder auswaschen.

Der Betroffene kann auch ein Stück Papiertaschentuch zusammenknüllen und sich in das Nasenloch stecken, aus dem das Blut fließt.

Was außerdem Linderung verschafft: Lege einen feuchten Waschlappen in den Nacken des Betroffenen. Mit einem anderen Lappen soll er die Nase kühlen.

Was tun bei VERGIFTUNGEN?

Auch mit Vergiftungen ist nicht zu spaßen, und es gibt eine ganze Menge Möglichkeiten, sich zu vergiften: Beeren, Zigaretten, Tabletten, Haushaltsreiniger ... Die Folgen sind oft Übelkeit und Erbrechen, aber auch Schlimmeres. Am besten fährt man sofort ins Krankenhaus. Gut wäre es in jedem Fall, wenn die Ärzte wüssten, welche Substanz die Vergiftung verursacht hat, also gilt: Proben mitnehmen (etwa die Tabletten-Packung oder die Haushaltsreiniger-Flasche).

Um sich bei Vergiftungen schnell informieren zu können, gibt es den Giftnotruf. In der Tabelle findest du die entsprechenden Rufnummern.

Deutschland	
Bremen, Hamburg, Niedersachsen und Schleswig-Holstein:	0551 - 1 92 40
Mecklenburg-Vorpommern, Sachsen, Sachsen-Anhalt und Thüringen:	0361 - 73 07 30
Nordrhein-Westfalen:	0228 - 1 92 40
Hessen und Rheinland-Pfalz:	06131 - 1 92 40
Berlin und Brandenburg:	030 - 1 92 40
Bayern:	089 - 1 92 40
Baden-Württemberg:	0761 -1 92 40
Saarland:	06841 - 1 92 40
Österreich	
Wien	01 - 4 06 43 43
Schweiz	
Zürich	01 - 2 51 51 51

Und was, wenn du dir SELBST HELFEN musst?

Wenn dir selbst etwas passiert, dann versuche nicht den Starken oder die Starke zu markieren. Bei Schmerzen schreie, was das Zeug hält – du wirst sehen, das hilft, außerdem werden Helfer angelockt.

Oft hilft Kühlung, um Schmerzen zu bekämpfen. Packe Eiswürfel oder feuchte Tücher auf die betroffene Stelle oder spritze dich in der Badewanne mit kaltem Wasser ab. Es ist schwer, aber du kannst auch versuchen, an andere Dinge zu denken, um dich vom Schmerz abzulenken. Die Schmerzen lassen sicher bald nach!

Wann solltest du zum Kinderarzt oder ins Krankenhaus?
In jedem Fall immer dann, wenn ...
... die Schmerzen nicht nachlassen
... eine Blutung nicht aufhören will
... du drauf und dran bist, das Bewusstsein zu verlieren

»Gesundheit ist nicht alles – aber ohne Gesundheit ist alles nichts.«
(Arthur Schopenhauer)

Wenn du **PROBLEME**

mit **ANDEREN MENSCHEN** hast

Wenn du PROBLEME mit ANDEREN MENSCHEN hast

Manchmal wünscht man sich auf eine einsame Insel. Aber so ganz ohne andere Menschen leben – das würde man wohl nicht lange aushalten. Menschen brauchen nun mal Gesellschaft, auch wenn es mit den Mitmenschen manchmal zu Problemen und Konflikten kommen kann. Auf den folgenden Seiten wollen wir dir zeigen, wie du Probleme mit Eltern, Lehrern, Geschwistern, Freunden, aber auch vermeintlichen »Feinden« lösen kannst. Wir zeigen, was du tun kannst, wenn dir jemand Gewalt antut. Und wie du Selbstvertrauen gewinnst, damit du für andere nicht so angreifbar bist.

Wichtige Sprichwörter fürs Zusammenleben

»Gleich und gleich gesellt sich gern.«
»Was du nicht willst, das man dir tu, das füg auch keinem andern zu.«
»Der Klügere gibt nach.«
»Keine Antwort ist auch eine Antwort.«
»Eine Hand wäscht die andere.«
»Wer einmal lügt, dem glaubt man nicht, auch wenn er dann die Wahrheit spricht.«
»Zeige mir deine Freunde, und ich sage dir, wer du bist.«

STRESS mit den Eltern

Stress mit den Eltern kommt in den besten Familien vor. Dabei meinen es die meisten Eltern doch bloß gut mit ihren Kindern. Wenn es da nur nicht oft unterschiedliche Ansichten gäbe bezüglich Zimmer aufräumen, Hausaufgaben machen, Tischmanieren und vielem mehr. Nun ja, deine Eltern sind deine Erziehungsberechtigten, das heißt, sie dürfen dir schon sagen, was du tun und was du lassen sollst. Du als Kind solltest dann nicht bockig sein, sondern folgen – zumindest, solange eine Bitte deiner Eltern berechtigt ist.

Versuche, deine Eltern zu verstehen. Sie wollen dein Bestes, und dazu gehört auch, dass sie dir Kommandos geben, dir Sachen verbieten und manchmal mit dir schimpfen. Reagiere dann einfach gelassen und brich keinen Streit vom Zaun. Denn wenn deine Eltern sich nicht gut fühlen, färbt das automatisch auch auf dich als Kind ab, und ein schlechtes Klima in der Familie, das will doch niemand, oder?

Was Eltern nicht dürfen: dich schlagen oder herabwürdigen. Im Gesetzbuch steht: »Kinder haben ein Recht auf gewaltfreie Erziehung. Körperliche Bestrafungen, seelische Verletzungen und andere entwürdigende Maßnahmen sind unzulässig.« (BGB § 1631). Das kannst du deinen Eltern vorlesen.

Wenn sich Eltern oft STREITEN

Deine Eltern sind auch nur Menschen, und viele Menschen streiten nun mal, wenn sie dauernd zusammenleben. Wenn Eltern streiten, ist das allerdings auch für Kinder schlimm. Nicht nur, dass die Atmosphäre des Streits für dich eher schädlich ist – Kinder müssen außerdem oft als Blitzableiter für die Wut der Eltern herhalten. Du kriegst also unter Umständen einen Rüffel, obwohl du überhaupt nichts gemacht hast.

Wenn deine Eltern streiten, mische dich nicht ein, sondern ziehe dich am besten in dein Kinderzimmer zurück. Wenn Geschrei durch die Tür dringt, dann setze Kopfhörer auf und höre deine Lieblingsmusik. Sollte mal eine Tür krachen und ein Elternteil polternd die Wohnung verlassen, keine Panik! Wenn sich die Wut gelegt hat, wird Mama oder Papa schon zurückkommen.

Am schlimmsten ist es, wenn die Eltern immer wieder streiten. In so einem Fall solltest du in einer günstigen Stunde all deinen Mut zusammennehmen und mit deinen Eltern ganz ruhig darüber sprechen. Deine Eltern werden sich dann vielleicht mehr Gedanken über dich machen und das Streiten zukünftig einschränken.

Manchmal kann es auch sein, dass Eltern sich trennen. Dann siehst du einen Elternteil nicht mehr so oft – dafür ist endlich Frieden.

Wenn deine GESCHWISTER dich ärgern

Geschwister zu haben ist etwas Tolles, manchmal kann es aber auch zur Last werden. Dann nämlich, wenn dich jüngere Geschwister nerven, ältere Geschwister kommandieren und Geschwister im gleichen Alter mit dir in Konkurrenz treten.

Doch ein Streit lässt sich meistens leicht vermeiden:

⇨ Wenn dein Bruder oder deine Schwester ins Zimmer kommen will, um dich zu ärgern, dann schließe doch einfach die Tür ab oder hänge ein »Bitte nicht stören!«-Schild an die Tür.

⇨ Manchmal machen Kinder Quatsch, weil sie sich mehr Aufmerksamkeit und Liebe von den Eltern wünschen. Zum Geschwisterstreit kommt es oft, wenn eine Konkurrenz um die Liebe der Eltern ausbricht. Mach dir das bewusst – du kannst dann entsprechenden Mechanismen ausweichen.

⇨ Was gehört wem? Das muss allen Geschwistern klar sein. Wenn sich dein Bruder an deinen Sachen bedient, schließe sie weg. Dazu kann beispielsweise eine Kiste mit Vorhängeschloss dienen.

Du hast ÄRGER mit einem Lehrer?

Neben Eltern und Geschwistern sind auch Lehrer wichtige Personen in deinem Leben – zumindest, solange du Schüler bist.

Ein gutes Verhältnis zu deinen Lehrern bringt gleich zwei Vorteile:
❶ Du kannst die Schule mehr genießen, wenn es keinen Ärger gibt.
❷ Wohlwollende Lehrer vergeben bessere Noten.
Wenn du Ärger mit deinem Lehrer hast, liegt das möglicherweise daran, dass du ihm Ärger bereitest. Redest du zu viel mit deinem Sitznachbarn? Machst du sonstigen Quatsch? Stelle das ein und konzentriere dich zukünftig voll auf den Unterricht – der Ärger mit dem Lehrer gehört dann bereits in Kürze der Vergangenheit an.

Du darfst dich aber wehren! Wenn ein Lehrer ungerecht ist, gemein, viel zu streng oder wenn er gar handgreiflich wird, dann sprich mit deinen Eltern darüber!

Du kommst im Unterricht nicht mit?

Der ultimative Tipp, wenn du im Unterricht nicht mitkommst: Reiß dich am Riemen, auch wenn es anfangs vielleicht schwerfällt! Pass im Unterricht auf und setze dich zu Hause regelmäßig auf deinen Hosenboden, um zu lernen. Im Notfall nimm Nachhilfeunterricht. Du hast es selbst in der Hand, ein schlechter Schüler zu sein oder ein guter. Als guter Schüler hast du es leichter.

GEWALT auf dem Schulhof!

Leider gehört das für viele Schüler zum Alltag: Sie werden auf dem Schulhof oder auf dem Weg zur Schule drangsaliert, erpresst oder verprügelt. Wenn man in so eine Situation gerät, ist das ziemlich übel und kann einem die ganze Lebensfreude rauben.

Solltest du selbst betroffen sein, beherzige die folgenden Tipps:

⇨ Sprich über das Problem: Rede mit Freunden darüber, aber vor allen Dingen mit deinen Eltern und Lehrern. Sie werden dir dabei helfen, einen Ausweg zu finden.

⇨ Werde Teil einer Gruppe: Verbringt in einer Gruppe die Pause auf dem Schulhof, geht in einer Gruppe zur Schule – Gruppen kann man nicht so leicht angreifen wie einzelne Personen.

⇨ Denke daran, dass Gewalt in der Regel Gegengewalt erzeugt. Wenn du selbst jemanden schlägst, brauchst du dich nicht zu wundern, wenn sich dich ein paar Tage später dessen großer Bruder vorknöpft.

⇨ Stärke dein Selbstvertrauen, beispielsweise durch einen Kurs in Selbstverteidigung. Wer viel Selbstvertrauen hat, wird nicht so oft zum Opfer von Gewalttaten, das ist erwiesen – und wer einen schwarzen Gürtel in Karate hat, sowieso nicht.

Wenn du STREIT mit FREUNDEN hast

Vielleicht will dein Freund oder deine Freundin nicht mehr mit dir spielen, weil ihr euch gestritten habt. Warte in so einem Fall ein Weilchen ab, bis ihr nicht mehr zornig seid. Dann könnt ihr über den Anlass des Streits in Ruhe reden und euch anschließend wieder vertragen – das kann noch am gleichen Tag geschehen, vielleicht aber auch erst nach einer Woche oder nach einem Monat.

Wenn du aus deiner Clique ausgegrenzt wirst, verhält sich die Sache etwas schwieriger. Die beste Strategie in diesem Fall: Vertrage dich als Erstes wieder mit dem Anführer der Clique – er kann dafür sorgen, dass auch die anderen dich wieder akzeptieren.

Die »Nummer gegen Kummer«

Du brauchst dringend jemanden zum Reden? Dann wähle die kostenlose »Nummer gegen Kummer« – am Sorgentelefon kannst du Sorgen und Probleme aller Art loswerden.

Deutschland	0800-1110333
Österreich	0800-201440
Schweiz	0800-554210

Was heißt »MOBBING«?

Leider gibt es in vielen Schulklassen Kinder, die von anderen gemobbt werden. Mobbing kommt vom englischen Wort »to mob« und bedeutet so viel wie »anpöbeln«. Wer gemobbt wird, dem wird das Leben zur Hölle gemacht, sei es durch Beleidigungen, dumme Sprüche, ständige Schikane oder sogar Gewalt. Man hat gar keine Lust mehr, in die Schule zu gehen, und der letzte Ausweg ist oft, die Schule zu wechseln! Wenn du selbst gemobbt wirst, rede zunächst mit den Kindern, die dich mobben, und bitte sie, ihr Verhalten zu unterlassen. Sollte das nicht helfen, sprich mit deinen Eltern und Lehrern darüber und nimm sie in die Pflicht, dir zu helfen. Rede darüber – das ist unheimlich wichtig!

Die besten Tipps zum Freundefinden

⇨ *Warte nicht, bis ein anderer dich anspricht oder zum Spielen einlädt – tu den ersten Schritt!*

⇨ *Interessiere dich für andere Kinder: Frag nach deren Hobbys und unterhalte dich mit ihnen darüber – wenn ihr gleiche Interessen habt, ist die Freundschaft schon fast geschlossen!*

⇨ *Sei kein Außenseiter! Verhalte und kleide dich nicht völlig anders als die anderen – du würdest dich dadurch selbst ausgrenzen!*

Dein erster LIEBESKUMMER

Du bist in einen Jungen oder in ein Mädchen aus deiner Klasse verknallt? Liebe ist eigentlich eine schöne Sache, kann aber auch ganz schön wehtun – dann nämlich, wenn man vom anderen abgelehnt wird. Einen Versuch sollte es dir trotzdem wert sein: Sprich das Objekt deiner Begierde in einem günstigen Moment an und verabrede dich zum Eisessen oder zu einem Kinobesuch. Von nichts kommt nichts! Selbst wenn du eine Absage kriegst, bist du froh, es wenigstens versucht zu haben.

Kinder und Jugendliche sind oft ziemlich wechselhaft, was die Liebe angeht. Du bist heute noch in diese Person verknallt, morgen in eine andere. Das ist ganz normal. Wichtig ist nur, immer treu zu sein – auch dir selbst gegenüber. Das heißt: Tu immer nur Dinge, die du auch wirklich tun willst!

Wenn du mit jemandem zusammen warst und plötzlich ist es aus, kann das sehr wehtun. Du solltest dir das aber nicht zu sehr zu Herzen nehmen, denn die gute Nachricht lautet: Mit der Zeit geht der Liebeskummer vorbei, und schon bald erkennst du, dass andere Eltern auch schöne Söhne und Töchter haben. Beim nächsten Mal klappt es bestimmt!

So gewinnst du mehr SELBSTVERTRAUEN

Mit mehr Selbstvertrauen kommst du leichter und sicherer durchs Leben.

Nutze die folgenden Tipps, um dein Selbstvertrauen zu stärken:

⇨ Finde jeden Morgen, wenn du dich im Spiegel betrachtest, etwas, das dir besonders gut gefällt: Das können zum Beispiel deine Augen, dein Lächeln oder deine Muskeln sein.

⇨ Wenn du dich im Spiegel betrachtest, dann sage doch ruhig mal zu dir: »Ich mag mich, wie ich bin. Ich habe Selbstvertrauen.« Diese Methode, sich selbst zu beeinflussen, nennt man auch »Autosuggestion«.

⇨ Erstelle eine Liste mit deinen Charaktereigenschaften. Freue dich über positive Eigenschaften. Bei negativen Eigenschaften überlege, wie du sie ändern kannst.

⇨ Akzeptiere die Tatsache, dass jeder Mensch schwache und starke Seiten hat. Auch andere Kinder sind nur scheinbar immer stark.

⇨ Kleide dich immer so, dass du dich rundum wohlfühlst. Es müssen keine Markenklamotten sein, aber geh nur dann aus dem Haus, wenn du denkst, dass du gut aussiehst.

⇨ Sorge für regelmäßige Erfolgserlebnisse, etwa durch gute Noten in der Schule, indem du in einer Sportart ein Ass wirst oder ein Instrument besonders gut spielen lernst.

Was dir die **KÖRPERSPRACHE** verrät

Wusstest du das schon? Menschen sprechen nicht nur mit Worten! Auch die Haltung ihres Körpers, ihr Gesichtsausdruck und ihre Gesten sprechen Bände. Du merkst dadurch relativ schnell, ob sich jemand unsicher fühlt oder wohl in seiner Haut – egal, was er sagt. Und du kannst durch eine entsprechende Körpersprache auch deine Stimmungen beeinflussen, das heißt, wenn du deinen Körper aufrichtest und lächelst, wirst du dich automatisch besser fühlen.

Hier ein paar Körper-»Vokabeln«:

Arme vor der Brust verschränken: Verschlossenheit
Arme hinter dem Rücken verschränken: Rückzug
Hände in den Hosentaschen: Etwas verbergen
Hände in die Hüften stemmen: Bereitschaft
Sich übers Haar streichen: Zustimmung
Über den Hinterkopf streichen: Schüchternheit
Hände reiben: Unruhe
Mit Gegenständen herumspielen: Nervosität
Kinn mit der Hand stützen: Skepsis
Finger berührt die Nasenspitze: Unsicherheit
Offener Mund: Verblüffung
Hängende Mundwinkel: Enttäuschung

Beobachte andere Menschen während eines Gesprächs genau, um herauszufinden, ob ihre Körpersprache das Gleiche sagt wie ihre Worte!

Wenn das 

TASCHENGELD nicht reicht

Wenn das TASCHENGELD nicht reicht

Ein bekanntes Sprichwort lautet: »Geld regiert die Welt«. Ganz so ist es zwar nicht, aber Geld ist sehr wichtig. Geld ist ein Tauschmittel, mit dessen Hilfe du Dinge kaufen oder Dienstleistungen bezahlen kannst. Das Problem beim Geld: Es hat nur deshalb einen Wert, weil man nicht so einfach rankommt – schon gar nicht als Kind, da du noch nicht arbeiten darfst, wie Erwachsene es tun. Und wenn man schon mal Geld hat, ist es blitzschnell auch wieder weg. Es gibt so viele Wünsche, die man sich mit Geld erfüllen kann ...

Wir wollen dich auf den folgenden Seiten bei der Hand nehmen und dir zeigen, wie du
a) zu mehr Geld kommst
b) dein Geld zusammenhältst
c) das Geld richtig »anlegst«

Du wirst dann nie mehr sagen müssen: »Wie kommt es, dass am Ende des Taschengeldes noch so viel Monat übrig ist?« Sondern du wirst immer genügend Geld haben und dir damit auch mal größere Wünsche selbst erfüllen können.

»Reich wird man nicht von dem Geld, das man verdient, sondern von dem Geld, das man nicht ausgibt.«
(Henry Ford)

Endlich MEHR Taschengeld

Eine wichtige »Einnahmequelle« für Kinder ist das Taschengeld. Es ist das Geld, das du jede Woche oder jeden Monat von deinen Eltern bekommst und zur freien Verfügung hast. Das heißt, von diesem Geld musst du keine Klamotten oder Schulsachen kaufen – das geht extra. Mit dem Taschengeld kannst du dir eigene Wünsche erfüllen: Comics kaufen, ins Kino gehen, ein Eis essen ...

Das Taschengeld ist eine feine Einrichtung, um den Umgang mit Geld zu erlernen. Denn du musst lernen, mit einer bestimmten Summe Geld auszukommen – das wird dein Leben lang so sein.

Taschengeld wird von den Eltern freiwillig bezahlt. Die Tabelle zeigt dir, wie viel Taschengeld in welchem Alter empfohlen wird.

Alter	Wöchentliches Taschengeld	Monatliches Taschengeld
6 - 7	2,00 €	
8 - 9	2,50 €	
10		12,50 €
11		15,00 €
12		17,50 €
13		20,00 €
14		22,50 €

Deine RECHTE rund ums GELD

Dürfen Kinder arbeiten?

Klares Nein! Arbeiten ist in Deutschland für Kinder bis einschließlich 12 Jahren verboten. Erst ab 13 darf man leichte Tätigkeiten ausführen, beispielsweise Werbeprospekte austragen. Natürlich spricht aber nichts dagegen, mal dem Nachbarn beim Schneeschippen zu helfen – und dafür Geld zu kassieren.

Dürfen Kinder selbst einkaufen?

Ja, selbstverständlich! Kinder dürfen im Kaufhaus Dinge kaufen. Allerdings existiert in Deutschland der sogenannte Taschengeldparagraf, der für Kinder und Jugendliche von 7 bis 18 Jahren gilt. Er besagt, dass ein Kaufvertrag nur in Höhe des Geldes zustandekommt, das dir zur Verfügung steht.

Geldgeschenke

Leider kriegt man zum Geburtstag, zu Weihnachten und sonstigen Anlässen oft Spielsachen geschenkt, die wenig später im Schrank versauern. Und Spielzeug kostet Geld! Sprich mit deinen Verwandten und bitte sie, dir entweder Dinge zu schenken, die auf einer von dir erstellten Wunschliste stehen, oder eben dir Bargeld zu schenken – mit diesem kannst du kaufen, was du wirklich haben willst.

So kannst du mit deinem Geld BESSER AUSKOMMEN

Als Kind steht dir nicht viel Geld zur Verfügung – gehe deshalb weise damit um. Mit dem Taschengeld gleich in den nächsten Laden zu rennen und alles zu verjubeln ist eine schlechte Strategie. Erstelle stattdessen einen Plan, wie viel Geld du für welche Zwecke einsetzen willst – so einen Plan nennt man auch »Budget«.

Du findest auf der folgenden Seite eine Kopiervorlage für einen Monatsplan. Natürlich kannst du so eine Tabelle auch einfach mit Kugelschreiber und Lineal auf kariertes Papier zeichnen. Trage in den Plan alle Dinge ein, die du kaufen möchtest. Achte darauf, dass genügend Geld für Unvorhergesehenes übrig bleibt, beispielsweise für einen Kinobesuch mit deiner besten Freundin – sonst musst du bloß wieder deine Eltern anpumpen.

Ebenfalls wichtig: das Sparen. Nur durch Sparen kommst du zu einem Vermögen – Geld einnehmen genügt nicht. Unser Tipp: Lege einen Teil des Taschengeldes zurück, sobald du es erhältst. Wenn du abwartest, wie viel am Monatsende noch übrig ist, wirst du mit großer Wahrscheinlichkeit nichts zurücklegen können. Geld, das man zur freien Verfügung hat, gibt man nun mal gerne aus!

Geht ein Schotte zur Post und verlangt:
»Bitte eine Briefmarke zu 55 Cent.
Machen Sie aber den Preis ab –
es soll ein Geschenk sein.«

BUDGET für den Monat

Einnahmen

Taschengeld ....

Geldgeschenke ....

Verkäufe ....

Dazuverdient ....

Sonstiges ....

Gesamt ....

Ausgaben

Sparen (am Anfang des Monats) ....

Käufe (Bücher, Spiele usw.) ....

Freizeit (Kino, Minigolf usw.) ....

Handy ....

Kosmetik ....

Süßigkeiten, Knabbereien ....

Sonstiges ....

Gesamt ....

Gesamteinnahmen ....

Minus Gesamtausgaben ....

Bilanz (Einnahmen minus Ausgaben) ....

Sieben goldene SPARTIPPS

Wir haben hier einige exzellente Spartipps für dich zusammengestellt:

⇨ Verzichte auf jede zweite Süßigkeit vom Kiosk: Nicht nur deine Zähne werden es dir danken – auch dein Geldbeutel!

⇨ Kaufe keine Klingeltöne oder Handy-Spiele: Damit spielst du oft skrupellosen Geschäftemachern dein Geld ins Portemonnaie!

⇨ Denke nach, bevor du Geld ausgibst: bei einem Betrag von 10 Euro eine Stunde lang, bei 50 Euro einen Tag lang, bei 100 Euro eine Woche lang, bei 500 Euro einen Monat lang!

⇨ Bevor du etwas kaufst: Vergleiche die Preise in verschiedenen Kaufhäusern – erhebliche Preisunterschiede sind keine Seltenheit!

⇨ Muss es denn Markenware sein? Namenlose Produkte sind fast immer billiger – du findest sie ganz unten im Regal!

⇨ Gebraucht ist günstiger: Suche den gewünschten Gegenstand auf dem nächsten Flohmarkt. Bücher, CDs und Filme kannst du auch in der Bibliothek ausleihen!

⇨ Wenn Werbung im Fernsehen läuft, guck am besten weg – wer viel sieht, der will viel!

So kannst du dir was DAZUVERDIENEN

Flohmarkt

Jede Wette: Du hast eine ganze Menge alter Spielsachen bei dir rumliegen, die du nicht mehr brauchst. Hinzu kommen angestaubte Gegenstände im Keller oder bei Oma auf dem Dachboden. Vieles davon kannst du in bare Münze verwandeln – auf dem Kinderflohmarkt. Wenn du regelmäßig auf Kinderflohmärkten verkaufst, kannst du dir ein nettes Zubrot zu deinem Taschengeld verdienen.

Pfandgut

Unglaublich, was so alles im Park und auf den Feldern rumliegt: unter anderem Pfandflaschen und -dosen. Wenn du diese aufhebst und zum Supermarkt bringst, tust du nicht nur der Umwelt einen Gefallen, sondern auch deinem Geldbeutel – für eine einzige Pfandflasche winken bis zu 25 Cent.

Nachbarschaftshilfe

Du kannst auch netten Nachbarn deine Hilfe anbieten. Allerdings sollten darüber deine Eltern Bescheid wissen. Geh nur zu einem Nachbarn ins Haus, der absolut vertrauenswürdig ist, denn für ein paar Euro solltest du nichts riskieren. Du kannst zum Beispiel gegen Bargeld Rasen mähen, Schnee schippen oder kleinere Einkäufe erledigen.

Weitere EINNAHMEMÖGLICHKEITEN

Verkaufsstand
Wenn es im Sommer sehr heiß ist, könntest du im Garten einen Stand aufbauen und deinen Nachbarn gegen eine angemessene Spende eisgekühlte Limonade anbieten.

Babysitter
Bist du schon groß genug, um Verantwortung zu übernehmen? Dann kannst du als Babysitter etwas dazuverdienen.

Tierpfleger
Der Nachbar fährt in Urlaub und sucht jemanden, der seine Fische füttert? Das ist der ideale Nebenjob für dich!

Autowäscher
Viele fahren mit dem Auto durch die Waschanlage, um es zu reinigen. Der Haken: Es wird nur außen sauber. Biete deshalb deinen Nachbarn eine Innenreinigung an!

Austräger
Der Verein deiner Eltern plant eine große Veranstaltung? Dann hilf dabei, Flugblätter zu verteilen und Plakate aufzuhängen. Lass dich dafür bezahlen.

Stundenlohn
Wenn du für deine Verwandten oder Nachbarn Aufgaben erledigst, solltest du einen Stundenlohn vereinbaren. Zwei Euro pro Stunde sollten es mindestens sein. Fünf Euro wären natürlich noch besser ...

Mach MEHR aus deinem Geld!

Es lohnt sich in jedem Fall, Geld zu sparen. Das heißt, du gibst nicht all dein Geld sofort aus, sondern hebst einen Teil für später auf, um dir mal einen größeren Wunsch zu erfüllen.

Wir empfehlen dir folgende Spar-Strategie:

⇨ Spare einen Teil deiner regelmäßigen Einnahmen. Angenommen, du bekommst 12 Euro Taschengeld pro Monat, dann lege 5 Euro monatlich zurück. Bereits nach einem Jahr hast du dadurch 60 Euro zusammengespart!

⇨ Spare auch einen Teil deiner unvorhergesehenen Einnahmen, also etwa von dem Geld, das du zum Geburtstag oder zu Weihnachten bekommst. Natürlich sollst du dir auch was gönnen, aber die Hälfte des Geldes kannst du doch problemlos zurücklegen – schließlich hätte es ja auch sein können, dass du nur die Hälfte geschenkt bekommst.

⇨ Eröffne ein Jugendsparbuch auf einer Sparkasse oder Volksbank. Dort bringst du dein Geld regelmäßig hin. Du kannst dir sogar dein Taschengeld von deinen Eltern auf das eigene Konto überweisen lassen. Wenn das Geld auf der Bank liegt, bringt es dir Zinsen – das Geld vermehrt sich automatisch!

Sagt Oma zu Fritzchen: »Zu Weihnachten darfst du dir ein schönes Buch wünschen.«
»Egal, was für eines?« – »Ja.«
»Dann wünsche ich mir ein Sparbuch!«

Wenn du

FIT SEIN

willst wie ein

TURNSCHUH

Wenn du FIT sein willst wie ein TURNSCHUH

Fit, gesund und erfolgreich – das will jeder sein, aber die wenigsten tun genügend dafür. Wusstest du beispielsweise, dass in Deutschland rund zwei Millionen Kinder übergewichtig sind und dass jedes fünfte Kind an einer Essstörung leidet? Dabei ist es gerade für Kinder und Jugendliche noch richtig einfach, fit zu sein, gut auszusehen und sich rundum wohlzufühlen. Wir wollen dir auf den folgenden Seiten zeigen, was du alles für deine Fitness tun kannst. Es lohnt sich!

Mach dich nicht kaputt!

Leider greifen heutzutage bereits manche Kinder zu Alkohol und Zigaretten. Sei klug und lass die Finger davon – dein ganzes Leben lang! Sowohl Alkohol als auch Zigaretten haben verheerende Auswirkungen. Von beidem kannst du süchtig werden.

⇨ Wer Alkohol trinkt, tut oft Dinge, die er später bereut. Immer wieder werden Kinder und Jugendliche mit Alkoholvergiftungen ins Krankenhaus eingeliefert. Alkoholismus – die Abhängigkeit vom Alkohol – ist eine schwere Krankheit!

⇨ Rauchen ist extrem ungesund. Es ist außerdem teuer und stinkt. Und was hast du davon? Gar nichts! Manche Raucher kommen sich cool vor, aber Nichtraucher finden sie einfach nur lächerlich. Es ist dumm, mit einem Glimmstängel seine Gesundheit zu ruinieren!

Mit dieser GYMNASTIK startest du gut in den Tag

Beginne deinen Tag mit Morgengymnastik. Du tust deinem Körper damit etwas Gutes und beginnst den Tag mit besserer Laune:

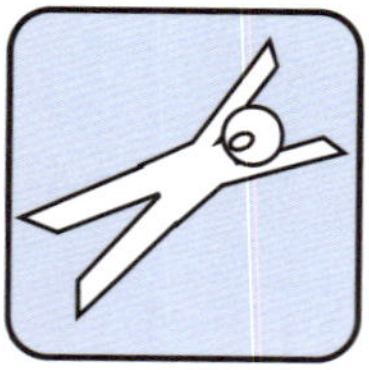

❶ Strecke und räkle deinen Körper ausgiebig, bevor du aufstehst, und gähne kräftig dabei.

❷ Stelle dich nun hin. Pflücke abwechselnd Äpfel ganz weit über deinem Kopf.

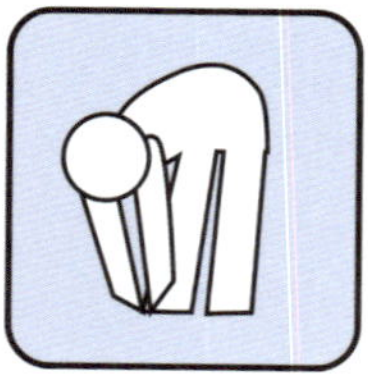

❸ Binde im Stehen, bei gestreckten Beinen, deine Schuhe. Wiederhole die Übung 10- bis 15-mal.

❹ Halte deine Arme waagrecht nach oben und drehe deinen Körper aus der Hüfte einmal nach links und einmal nach rechts. Mit dem Kopf blickst du dabei jeweils in die Richtung, in die du dich drehst. Wiederhole auch diese Übung 10- bis 15-mal.

❺ Nun mach Kniebeugen – so viele, wie du schaffst, ohne außer Atem zu kommen. Bewege deinen Po bei den Kniebeugen nicht zu weit abwärts. Achte außerdem darauf, dass dein Rücken immer gerade bleibt.

Muskeln aufbauen leicht gemacht

Um deine Muskeln zu kräftigen und aufzubauen, brauchst du nicht unbedingt Hanteln, mit denen du verschiedene Übungen durchführen kannst. Mache statt dessen zwei- bis dreimal in der Woche Liegestütze. Hierbei legst du dich mit dem Bauch auf den Boden und stellst die Arme etwa schulterbreit neben deinem Körper auf. Die Handflächen sind nach innen gedreht. Stemme nun langsam deinen gestreckten Körper nach oben, halte ihn dort einen Moment lang. Bewege ihn dann langsam wieder abwärts. Wiederhole die Übung so lange, wie es dir ohne zu große Anstrengung möglich ist.
Achtung: Beim Liegestütz nicht den Po in die Höhe lupfen!

So kriegst du mehr KONDITION

Man ist heute viel zu bequem, und das ist gar nicht gut für die Gesundheit. Bereits Kinder geraten viel zu schnell außer Atem, doch das muss nicht sein. Mach es dir – wenigstens ab und zu mal – bewusst unbequem:

⇨ Lass dich nicht mit dem Auto zur Schule bringen, sondern fahre mit dem Rad. Auf Strecken, wo es ungefährlich ist, kannst du auch mal richtig Gas geben.
⇨ Im Hochhaus lockt der Aufzug? Steige doch lieber die Treppe hoch, und zwar in einem zügigen Tempo.
⇨ Hilf Mama beim Putzen, Einkaufen, Aufräumen – auch dadurch kannst du fitter werden und machst deiner Mutter obendrein noch eine Freude!

Sportarten, mit denen du die Kondition förderst

Vielleicht hast du Lust, regelmäßig Sport zu treiben. Für deine Kondition und körperliche Fitness wäre das natürlich super. Für Kinder besonders geeignet sind: Schwimmen, Joggen (aber nur mit geeigneten Jogging-Schuhen!), Radfahren, Skilanglauf, Rudern oder Fußball, Handball und andere Ballsportarten

Bist du ÜBERGEWICHTIG?

Sport treibst du natürlich nicht nur, wenn du übergewichtig bist. Doch wann bist du überhaupt übergewichtig? Darüber gibt dir der sogenannte Body-Mass-Index (BMI) Auskunft. **Du berechnest ihn so:**

$$\text{BMI} = \frac{\text{Körpergewicht (kg)}}{\text{Körpergröße (m)} \times \text{Körpergröße (m)}}$$

Teile also dein Körpergewicht in Kilogramm durch deine Körpergröße in Metern mit sich selbst malgenommen. Ein Beispiel: Du wiegst 40 Kilo und bist 1,5 Meter groß. In diesem Fall beträgt dein BMI 40 : (1,5 x 1,5) = 17,78. Die Tabellen zeigen dir, welche BMI-Werte in welchem Alter normal sind und wann Übergewicht oder Untergewicht vorliegt.

Tabelle für Mädchen

Alter	Untergewicht!	Normalgewicht	Übergewicht!
7	weniger als 13,3	13,4 - 17,9	mehr als 18,0
8	weniger als 13,2	13,3 - 18,7	mehr als 18,8
9	weniger als 13,7	13,8 - 19,7	mehr als 19,8
10	weniger als 14,2	14,3 - 20,6	mehr als 20,7
11	weniger als 14,7	14,8 - 20,7	mehr als 20,8
12	weniger als 15,0	15,1 - 21,4	mehr als 21,5

Tabelle für Jungen

Alter	Untergewicht!	Normalgewicht	Übergewicht!
7	weniger als 13,6	13,7 - 19,1	mehr als 19,2
8	weniger als 14,2	14,3 - 19,2	mehr als 19,3
9	weniger als 13,7	13,8 - 19,3	mehr als 19,4
10	weniger als 14,6	14,7 - 21,3	mehr als 21,4
11	weniger als 14,3	14,4 - 21,1	mehr als 21,2
12	weniger als 14,8	14,9 - 21,9	mehr als 22,0

So ERNÄHRST du dich RICHTIG

Das A und O für eine gute Gesundheit und Fitness ist die richtige Ernährung. Sprich ruhig mit deinen Eltern darüber, dass du dich gerne gesünder ernähren würdest.

Folgende Ratschläge solltest du beherzigen:

⇨ Genieße dein Essen. Nebenher fernsehen oder lesen ist tabu!
⇨ Die Hauptmahlzeiten sind Frühstück, Mittagessen und Abendbrot. Halte dich daran – zwischendurch gibt es nur Obst und gesunde Snacks!
⇨ Iss langsam, kaue gründlich und höre mit dem Essen auf, wenn du satt bist. Bloß nicht zwanghaft »den Teller leer essen«!
⇨ Iss möglichst oft frische Sachen: Obst, Salat, Gemüse!
⇨ Iss möglichst oft vollwertige Sachen: Vollkornbrot, Vollkornnudeln, Biokekse usw.
⇨ Iss nicht mehr als zweimal pro Woche Fleisch. Denke daran, dass für jedes Schnitzel, das auf den Tisch kommt, ein Tier sterben musste!
⇨ Süßigkeiten, Kartoffelchips und andere Knabbereien ab und zu sind kein Problem. Aber bitte nicht jeden Tag und vor allen Dingen nicht zu viel!

Die folgende Tabelle gibt dir einen Überblick über die empfohlenen Lebensmittelmengen, die man in deinem Alter essen sollte. Natürlich schwankt der Energiebedarf bei jedem. Wichtig ist, dass man die Verhältnisse von reichlich, mäßig und sparsam zueinander beachtet.

Empfohlene Lebensmittel (bis 90 % der Gesamtenergie)		
Alter **Energie**	**7–9 Jahre** **1800 kcal/Tag**	**10–12 Jahre** **2150 kcal/Tag**
reichlich		
Getränke	900 ml/Tag	1000 ml/Tag
Brot, Getreide (-flocken)	200 g/Tag	250 g/Tag
Kartoffeln oder Nudeln, Reis u. a. Getreide	150 g/Tag	180 g/Tag
Gemüse	220 g/Tag	250 g/Tag
Obst	220 g/Tag	250 g/Tag
mäßig		
Milch, -produkte	400 ml (g)/Tag	420 ml (g)/Tag
Fleisch, Wurst	50 g/Tag	60 g/Tag
Eier	2 Stck./Woche	2-3 Stck./Woche
Fisch	150 g/Woche	180 g/Woche
sparsam		
Öl, Margarine, Butter	30 g/Tag	35 g/Tag
Geduldete Lebensmittel (bis 10 % der Gesamtenergie)		
zuckerreich	10 g/Tag	15 g/Tag
zucker- und fettreich	50 g/Tag	60 g/Tag

NÄHRWERTANGABEN auf Lebensmittelpackungen

Hinten auf einer Lebensmittelpackung findest du Angaben zu den enthaltenen Nährstoffen mit einer prozentualen Angabe, wie viel Prozent des Tagesbedarfs jeweils gedeckt werden. Die Angabe ist zwar für Erwachsene gedacht, stimmt aber auch ungefähr für Kinder zwischen 7 bis 14 Jahren.

Die wichtigsten Nährstoffe sind Eiweiß, Kohlenhydrate und Fett. Sie liefern dir »Kalorien«, sozusagen den Brennstoff, mit dem du deinen Körper in Gang hältst. Als Kind zwischen 7 bis 14 Jahren wirst du dir täglich rund 2000 Kalorien zuführen müssen.

Angaben auf einem Schokoriegel:

Kalorien	253	
Eiweiß	4,7	Gramm
Kohlenhydrate	27,8	Gramm
Fett	13,7	Gramm

Wenn du vier Schokoriegel essen würdest, hättest du bereits die Hälfte deines Kalorienbedarfs gedeckt! Und dann noch viel zu viele Kohlenhydrate (Zucker!) und Fett!

Angaben auf einer Packung mit fettarmer Milch (pro Glas):

Kalorien	115	
Eiweiß	8,5	Gramm
Kohlenhydrate	12	Gramm
Fett:	3,8	Gramm

Fazit: Besser ein Glas Milch als ein Schokoriegel!

KALORIEN ausgewählter Lebensmittel

Wenn du nicht gerade 100 Kilo wiegst, musst du natürlich nicht anfangen, deine Kalorien zu zählen. Die folgende Auswahl soll dir nur bewusst machen, wie unterschiedlich verschiedene Lebensmittel kalorienmäßig zu Buche – pardon: zu Bauche – schlagen. Die Angabe bezieht sich jeweils auf 100 Gramm des Lebensmittels.

Cornflakes	360
Doppelkekse	360
Weizenmischbrot	240
Vollkornnudeln	140
Fleischkäse	420
Leberwurst	370
Salami	425
Schweineschnitzel	110
Blumenkohl	20
Feldsalat	15
Kartoffelchips	550
Möhren	30
Tomaten	20
Mineralwasser	0
Tee	0
Limonade	33
Buttermilch	40
Emmentaler Käse	400
Fruchtjoghurt	100
Milchschokolade	550
Honig	300
Erdnüsse	600
Butter	770

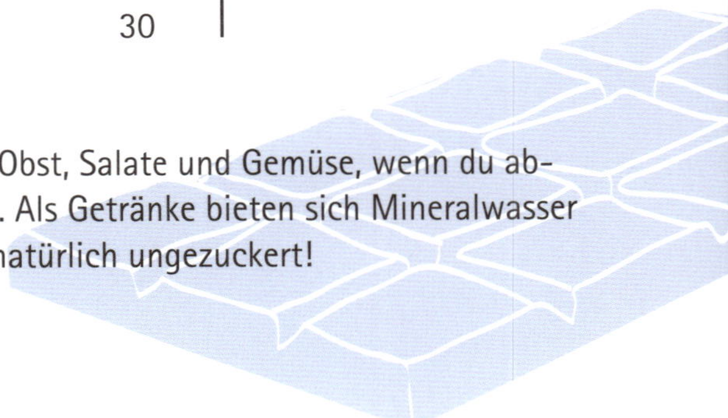

Halte dich an Obst, Salate und Gemüse, wenn du abnehmen willst. Als Getränke bieten sich Mineralwasser und Tee an – natürlich ungezuckert!

Lerne, dich zu ENTSPANNEN

Ein guter Ausgleich zum Stress in Schule und Alltag ist ein regelmäßiges Entspannungstraining, bei dem du mal so richtig abschaltest.

Hier die Anleitung:

❶ Sorge dafür, dass du eine Viertelstunde lang nicht gestört wirst. Lege dich dann bequem auf den Rücken und lege deine Arme neben den Körper. Lass deine Gedanken ziehen, halte keinen fest.

❷ Spanne nun deine beiden Arme und Hände kräftig an, solange wie es dir ohne Anstrengung möglich ist. Entspanne die Muskeln dann wieder.

❸ Spanne als Nächstes deine Gesichts- und Kopfmuskulatur an und entspanne sie anschließend wieder.

❹ Nun folgt die Muskulatur in deinem Oberkörper: Schultern, Brust, Bauch, Rücken, Becken. Spanne auch diese kräftig an.

❺ Zuletzt spannst du die Muskeln in beiden Beinen und Füßen kräftig an und entspannst sie dann wieder.

❻ Dadurch, dass du deinen Körper entspannst, entspannt sich auch dein Geist. Gib dich der Entspannung einfach hin. Du kannst dir auch etwas Schönes vorstellen, beispielsweise wie du auf einer Wiese in der Nähe eines plätschernden Baches liegst.

❼ Wenn du keine Lust mehr hast, dann sage zu dir: »Ich beende die Übung und bin völlig entspannt.« Räkle dich und stehe langsam auf.

ÜBERFORDERE dich nicht!

Viele Kinder haben heute einen Terminkalender, der so prall gefüllt ist wie bei einem Geschäftsmann: Fußball spielen, Instrument lernen, sich mit Freunden treffen, Ballett tanzen, Mittagsschule, Nachhilfe ... Sorge dafür, dass dir immer auch genügend Zeit für dich selbst bleibt. Und wenn du diese Zeit hast, dann schlage sie nicht mit Fernsehen und ständigem Computerspielen tot. Du könntest doch auch mal wieder basteln, ein Puzzle machen, dir von deiner Mutter Quizfragen stellen lassen. Das ist Entspannung pur!

Drei Tipps für einen erholsamen Schlaf

Du verbringst rund ein Drittel deines Lebens schlafend. Da ist es sehr wichtig, dass der Schlaf möglichst gut und erholsam ausfällt. Dazu drei Tipps:

⇨ *Powere dich tagsüber körperlich aus. Wenn du vom Fußballtraining kommst, bist du müder und zufriedener, als wenn du den Abend vor der Glotze verbringst.*

⇨ *Keine spannenden Filme, Computerspiele oder Bücher vor dem Zubettgehen! Die regen dich zu sehr auf und könnten das Einschlafen schwierig machen.*

⇨ *Keine schweren Mahlzeiten kurz vor der Schlafenszeit! Vielleicht schläfst du mit einem vollen Magen schnell ein – aber einen erholsamen Schlaf findest du nicht.*

Wenn du 

 die **WELT**

RETTEN willst

Wenn du die WELT RETTEN willst

Du willst in einer Welt leben, die in Ordnung ist: wo jeder Mensch genügend zu essen hat, alle Tiere und Pflanzen einen Lebensraum haben, in der es keine Kriege gibt und die Umwelt nicht verschmutzt wird. Kümmere dich als Kind nicht darum, was in den Medien über Klimawandel und solche Dinge gesagt wird – das macht dir nur Angst, aber Angst ändert nichts. Sorge stattdessen dafür, dass in der »kleinen Welt« um dich herum alles in Ordnung ist. Denn hier kannst du eine ganze Menge bewegen. Wir wollen dich im letzten Kapitel dieses Buches mit vielen nützlichen Tipps und Hinweisen versorgen!

Sparen!

Wenn du die Umwelt schonen willst, dann kaufe und wünsche dir nur Dinge, die du auch wirklich brauchst, also beispielsweise kein Spielzeug, das nach zwei Tagen im Schrank landet. Verpackungsmaterial zu sortieren ist eine feine Sache – Verpackungen zu sparen wäre aber noch besser. Denke außerdem daran, dass bei der Herstellung und dem Transport fast aller Produkte die Umwelt mit Abgasen belastet wird und wertvolle Rohstoffe draufgehen!

Übernimm VERANTWORTUNG!

Du kannst allein nicht den ganzen Regenwald retten, aber du kannst Verantwortung für ein Stück Natur in deiner Umgebung übernehmen, beispielsweise einen kleinen Park oder ein Stück Wald. Sorge dafür, dass in diesem Stückchen Natur alles in Ordnung ist: Sammle Müll auf, der dort rumliegt; zimmere ein Vogelhaus zusammen und hänge es dort auf; verteile im Winter ein paar Nüsse für die Tiere, die dort leben – nur in deinem eigenen Stück Park oder Wald.

Das Ganze lässt sich natürlich auch in größerem Stil aufziehen. Frag doch mal deinen Klassenlehrer, was er von dieser Idee hält: Die ganze Klasse übernimmt Verantwortung für den Wald. Dazu gehört dann nicht nur Müll aufsammeln usw., sondern auch, dass ihr den Wald besser kennenlernt, also die Pflanzen und Tiere bestimmen lernt. Und wenn durch einen Teil des Waldes eine Straße geleitet werden soll: Klar, dass sich das die Klasse nicht so einfach gefallen lässt. Da werden dann Unterschriften gesammelt und Eltern mobilisiert!

»Erst wenn der letzte Fluss vergiftet, der letzte Fisch gefangen, der letzte Baum gerodet ist, werdet ihr feststellen, dass man Geld nicht essen kann.«

(Indianische Weissagung)

STROM sparen zu HAUSE

Mit diesen Tipps kannst du jeden Tag Energie sparen und dadurch die Umwelt schonen:

⇨ Verwende im Kinderzimmer Energiesparlampen. Eine Energiesparlampe verbraucht sehr viel weniger Strom als eine herkömmliche Glühlampe.

⇨ Muss der Fernseher nebenher laufen? Schalte elektrische Geräte, die du nicht benötigst, einfach aus.

⇨ Schalte Stand-by-Geräte wie Fernseher oder Stereoanlage ganz aus – denn auch der Stand-by-Modus verbraucht Strom.

⇨ Verwende Akkus statt normaler Batterien. Die Akkus lassen sich im Gegensatz zu den Batterien wieder aufladen.

⇨ Wenn deine Eltern ein neues Haushaltsgerät anschaffen wollen, dann hilf beim Aussuchen. Achte dabei auf Umweltzeichen, Strom sparende Eigenschaften usw., und überrede deine Eltern dazu, ein umweltfreundliches Gerät zu kaufen.

⇨ Wenn du die Wahl hast zwischen einem normalen Computer und einem Notebook, dann entscheide dich für das Notebook. Es ist nicht so gut zum Spielen geeignet, verbraucht aber viel weniger Strom.

⇨ Am meisten Strom verbrauchen Geräte, die Hitze oder Kälte erzeugen, also etwa Herd und Kühlschrank. Schränke die Nutzung solcher Geräte so weit wie möglich ein.

WASSER SPAREN zu Hause

Wasser ist ein sehr kostbares Gut. Das wissen vor allem Menschen, die in Ländern leben, wo es nicht so viel Wasser gibt wie bei uns.

Um Wasser zu sparen, kannst du:

⇨ statt zu baden lieber duschen – das verbraucht wesentlich weniger Wasser

⇨ den Wasserhahn zudrehen, wenn du das Wasser nicht brauchst, beispielsweise beim Zähneputzen oder Einseifen

⇨ nur aufs Klo gehen, wenn du wirklich musst, und nach dem Pinkeln die Klospülung nur leicht betätigen, damit sie nicht die volle Ladung Wasser verbraucht

⇨ auf Wasserrutschen und Schwimmbecken im Garten lieber verzichten – wozu gibt es Freibäder?

Wie warm muss es wirklich sein?

Wusstest du das? Pro Grad Raumtemperatur steigt der Energiebedarf um etwa sechs Prozent. Überlege also zweimal, ob du im Kinderzimmer wirklich 23 Grad brauchst oder ob 20 Grad ausreichend sind. Nachts zum Schlafen kann der Temperaturregler gut und gerne um weitere fünf Grad runtergedreht werden – es ist sogar besser für die Gesundheit, wenn es zum Schlafen nicht zu warm ist!

Was du noch für die UMWELT tun kannst

Weniger Plastik

Wenn du zum Einkaufen gehst, nimm eine gebrauchte Plastiktüte oder eine Stofftasche mit – du brauchst dann keine neue Tasche zu kaufen.

Brotdose

Lass dir dein Pausenbrot nicht in Gefrierbeutel oder Alufolie verpacken – eine Brotdose erfüllt den gleichen Zweck und ist umweltfreundlicher.

Wertvolles Material

Papier, Glas oder Metall gehören nicht einfach in den Restmüll, sondern in dafür vorgesehene Container. Die Materialien können dann wiederverwertet werden. Aus Papier wird beispielsweise Recycling-Papier hergestellt – und ein paar Bäume bleiben am Leben!

Wegwerfen?

Viele sagen, dass wir in einer »Wegwerfgesellschaft« leben. Was man nicht mehr braucht, wirft man einfach weg. Aber vielleicht kannst du es doch noch brauchen? Oder, wenn nicht du, vielleicht ein anderer?

Fit für die Umwelt

Diesen Tipp kennst du schon aus dem Fitness-Kapitel: Geh lieber zu Fuß oder fahre mit dem Rad, als dich mit dem Auto zur Schule bringen zu lassen. Selbst umweltfreundliche Autos sind im Vergleich zum Fahrrad ziemliche Dreckschleudern.

Was kannst du gegen die ARMUT anderer tun?

Auf der Welt gibt es viel Armut, und das nicht nur in anderen Ländern, sondern auch in deiner Stadt – vielleicht sogar in deiner Klasse. Armut ist aber relativ, denn während in anderen Teilen der Welt viele arme Menschen täglich ums Überleben kämpfen, gilt bei uns als arm, wer mit nur wenig Geld auskommen muss. Toll ist Letzteres natürlich auch nicht. Was kannst du selbst gegen die Armut anderer unternehmen?

Spenden

Spare einen Teil deines Taschengeldes, um ihn an eine wohltätige Organisation zu spenden. Du kannst auch zugunsten von armen Menschen alte Sachen auf einem Flohmarkt verkaufen.

Schenken

Alte Klamotten, Kleider oder Spielzeug solltest du nicht einfach in den Müll werfen. Du kannst sicher sein: Es gibt genügend Menschen, die noch etwas damit anfangen können. Bringe die Sachen deshalb zum Roten Kreuz – sie werden dann an Bedürftige weitergegeben.

Nicht ausgrenzen

Ärmere Kinder können sich keine Markenklamotten leisten. Eigentlich ist das doch auch piepegal, oder? Beurteile andere Kinder nicht nach den Klamotten, die sie tragen, sondern nach ihrem Charakter.

So kannst du SCHWÄCHEREN helfen

»Der wahre Weg, Glück zu erlangen, besteht darin, andere Menschen glücklich zu machen.«
Dieses Zitat stammt von Robert Baden-Powell, dem Gründer der Pfadfinderbewegung. Kein schlechter Gedanke!

Hilf älteren Menschen

Kaum vorstellbar, aber auch du wirst mal alt sein! Verhalte dich deshalb zu älteren Menschen so, wie du später behandelt werden möchtest: Hilf ihnen über die Straße, biete ihnen deinen Sitzplatz an, und wenn du eine nette ältere Frau als Nachbarin hast, dann leiste ihr Gesellschaft oder lies ihr ab und zu eine Geschichte vor.

Hilf schwächeren Kindern

Ein Kind wird von anderen blöd angemacht, weil es beispielsweise eine andere Hautfarbe hat? Dann geh dazwischen und hilf dem Kind. Sollten die anderen mit Gewalt drohen, dann bitte Erwachsene um Hilfe oder nehmt zusammen die Beine in die Hand und lauft weg. Du kannst dir sicher sein, dass du einen neuen Freund gewonnen hast. Oder bekommst du mit, dass ein Kind in deiner Klasse immer wieder verprügelt wird? Dann sprich mit deinen Eltern darüber – sie sollen mal mit den Eltern des Kindes reden und gegebenenfalls weitere Schritte ergreifen.

TIERE schützen – das kannst du TUN

Viele Tiere werden leider schlecht gehalten und dienen lediglich als Lieferanten für die Lebensmittelindustrie oder zu anderen Zwecken.

Das kannst du selbst tun, um Tiere zu schützen:

⇨ Bitte deine Eltern, kein Billigfleisch mehr zu kaufen, sondern lieber Fleisch vom Bio-Bauern. Das ist zwar teurer, aber die Qualität ist viel besser. Und die Tiere, die dafür geschlachtet werden, haben ein angenehmes Leben.

⇨ Beim Eierkauf entscheidet euch in jedem Fall für Bio- oder Freilandeier! Käfig- oder Bodenhaltung ist für die Hühner eine Quälerei, die du ihnen für ein paar Cent mehr ersparen kannst.

⇨ Kauft ausschließlich Duschgels, Kosmetika usw., für die keine Tierversuche durchgeführt werden. Das ist dann meistens auf der Packung vermerkt.

⇨ Engagiere dich im Tierschutzverein. Vielleicht kannst du dort etwas helfen oder mal – zusammen mit den Eltern – mit Dackel Waldi Gassi gehen?

⇨ Lass deinen Hund im Wald angeleint und bleib auf den befestigten Wegen. Die Wildtiere werden es dir danken!

Hier kannst du dich engagieren:

BUNDjugend (Naturschutz)
Homepage: http://www.bundjugend.de